AMAR SIN PERDER LA CABEZA

AMAR SIN PERDER LA CABEZA

UNA GUÍA PARA TRANSFORMAR TU VISIÓN DEL AMOR Y LAS RELACIONES

Traducción de María Candela Rey

Urano

Argentina – Chile – Colombia – España
Estados Unidos – México – Perú – Uruguay

Título original: *How to love someone without losing your mind*
Editor original: Rodale Books, un sello de Random House
Traducción: María Candela Rey

1.ª edición: febrero 2025

Plaza de los Reyes Magos, 8, piso 1.º C y D – 28007 Madrid
www.edicionesurano.com

ISBN: 978-84-18714-78-8
E-ISBN: 978-84-10495-22-7
Depósito legal: M-26.358-2025

Fotocomposición: Urano World Spain, S.A.U.

Impreso por: Rodesa, S.A. – Polígono Industrial San Miguel
Parcelas E7-E8 – 31132 Villatuerta (Navarra)

Impreso en España – *Printed in Spain*

Dedicado a mi madre
y a mi psicoterapeuta, Derek:
mis mayores maestros.

Índice

Introducción: abre los ojos

> Tu visión solo será clara cuando puedas mirar dentro de tu propio corazón… Quien mira hacia afuera sueña; quien mira hacia adentro despierta. [1]
>
> Carl Jung

¿Qué te ha traído aquí?

Déjame adivinar: has decidido leer este libro porque quieres cambiar. Quieres ser una mejor versión de ti. Y quizás esperes que este mismísimo libro contenga todas las soluciones que has estado buscando.

- Quieres que tu vida sea mejor.
- Quieres que tus relaciones sean mejores.
- Quieres que el sexo sea mejor.
- Quieres tener mejores citas.

Mejor. Mejor. Mejor. Bueno, yo también quiero que todo te vaya mejor. Y no quiero que tengas la constante sensación de estar a punto de perder la cabeza. Así que aquí estoy, listo para ayudar. Pero no esperes que vaya a regurgitar esos viejos consejos sobre amarse a uno mismo, sobre los apegos o sobre el «amor verdadero» (sea lo que sea lo que eso signifique). No voy a darte otra de esas listas de trucos para hacer que la vida sea más fácil. Nada de «vive, ríe, ama». Ni hablar.

---

1. Jung, Carl (1973), *C. G. Jung Letters,* volumen 1, ed. Gerhard Adler, Routledge, Londres, pp.33-34.

En lugar de eso, quiero darte un sentido. Una historia. Un propósito. Una comunidad. Solidaridad y conexión. Una conexión más profunda contigo mismo y con los demás. Conmigo.

¿Y eso por qué? Pues porque lo necesitas. Todo el mundo lo necesita.

Porque… déjame ser sincero contigo: la vida es una aventura disparatada. Es una montaña rusa de impredecibilidad e incertidumbre. ¿Y el amor? ¡No me hagas empezar a hablar de eso! Bueno, de hecho, apenas estoy comenzando. ¡Esta es la introducción!

El amor jugará con tu mente de modos que jamás te habrías imaginado; te hará perder la cabeza. Es decir, piénsalo: la realidad del amor adulto es que es condicional, es incierto de por sí y está repleto de riesgos. La idea de la seguridad es una completa ilusión. Un verdadero truco psicológico. Por no hablar del siguiente giro cruel del destino: el hecho de que nos vemos atraídos inconscientemente por parejas que reflejan nuestros problemas de la infancia no resueltos.

Todos recreamos el pasado de manera inconsciente.

Algunos nos adentramos más en profundidad en estos patrones hasta casi crear una segunda infancia. Pero ¿quién podría culparnos por no saber hacer otra cosa? ¿Deberíamos criticarnos a nosotros mismos por cometer estos errores o arrepentirnos de algo? Mi respuesta es un (enfático) «claro que no».

Todos tenemos un punto enfermizo. Al igual que el clima, el estado de nuestras relaciones y nuestro bienestar emocional general no siempre es puro sol. Es cierto. Es normal que haya momentos en los que sientas agobio, como si se desatara una tormenta dentro de ti que te empujara al borde de la locura, para luego despertar al día siguiente con un cielo despejado como si nada hubiera ocurrido.

Una vida con amor hará sin duda que pierdas la cabeza en algún momento. Pero también será tu mayor maestra. Lo ha sido conmigo y lo sigue siendo.

Hace unos seis años, terminé una relación de diez años con mi pareja Alex (ya contaré más sobre él), comencé a tener citas (¡madre mía!) y, por primera vez en mi vida adulta, tuve la experiencia de estar soltero. No hace falta decir que me sentía como si estuviera en caída libre sin paracaídas. Cuando mis citas y parejas sexuales ocasionales comenzaron a pedirme conectar conmigo en Instagram (al parecer, un prerrequisito para salir con gente hoy en día), me creé una cuenta de inmediato. (Después de todo, ¿cómo iba ser una persona soltera sin redes sociales?) Entonces publiqué una selfi, algo de arte, comencé a seguir a un par de psicoterapeutas *influencers* y...

Me quedé totalmente impactado.

Solté la exclamación de asombro gay más grande que haya existido.

Era una locura total.

La información que difundían esos supuestos psicoterapeutas y coaches de Instagram eran puras sandeces. Lo que le decían a la gente era totalmente incongruente con mis experiencias en las relaciones y en terapia, como psicoterapeuta y como ser humano.

Vi un abuso de expresiones de moda, como «luz de gas» (*gaslight*), «bombardeo de amor» (*love-bombing)* y «tóxico» aplicado a cualquier cosa (y persona). Pero fue la información errónea sobre la codependencia lo que me hizo actuar. Según internet, cualquier comportamiento con una pizca de dependencia debía ser analizado bajo un microscopio. La independencia y la autonomía se presentaban como el estándar dorado de las relaciones. Los Insta-psicoterapeutas ofrecían listas de verificación de comportamientos codependientes sin ningún tipo de contextualización y sin siquiera mencionar que «esto podría no aplicar en tu caso». Mis favoritos eran los listículos y las publicaciones al estilo de «10 señales de que eres codependiente», que incluían cosas como «sientes ansiedad si no sabes nada de tu pareja», «prefieres pasar tiempo con tu pareja a estar solo» o «cedes y perdonas demasiado».

Mmm... ¡Desde luego que nos ponemos nerviosos si no tenemos noticias de nuestra pareja! Y no sé tú, pero yo sin duda quiero estar en una relación en la que prefiera pasar tiempo con mi pareja que solo. ¿Hola? ¿Acaso no es esa la primera razón para estar en una relación?

Eso no quiere decir que no deberías poder o querer estar a solas de vez en cuando. Sin embargo, la manera en que se ha demonizado la dependencia es realmente desconcertante. Todas las relaciones son codependientes hasta cierto punto. Piensa en el COVID-19. Si viviste con una persona en 2020-2021, ¡esa era una relación codependiente!

Pero el contenido sobre codependencia en redes era solo la punta del iceberg. Cuentas con muchísimos seguidores publicaban listas para el autodiagnóstico demasiado simplificadas y amplias. Proliferaron nuevas etiquetas (*people pleaser* o «quedabien», «autotraición», «herida por trauma», «persona de alto valor»), y las etiquetas antiguas («narcisismo», «luz de gas», «niño interior») se aplicaban de manera indiscriminada. Me di cuenta de que, por ejemplo, la idea de la adicción se expandió hasta tal punto que ahora podemos ser adictos a cualquier cosa, incluso a nuestras propias emociones.

Estaba estupefacto ante la cantidad de publicaciones que me encontraba en las que se reformulaban problemas habituales en las relaciones como algo enfermizo. Como si las relaciones no fueran ya lo suficientemente difíciles, ahora también teníamos que lidiar con la idea de que nuestra pareja nos ha hecho luz de gas, cuando en realidad estábamos teniendo desacuerdos simples y saludables. ¿Se supone que nuestra pareja nos tiene que validar todo el tiempo? No. Y tampoco podría hacerlo.

¡Nos están haciendo luz de gas con el contenido que habla de hacer luz de gas!

Esto me pareció muy fuerte. El aspecto de mi labor como psicoterapeuta que mayor impacto ha tenido ha sido sobre todo ayudar a mis clientes a sentirse a gusto en su propia piel; ayudar a individuos a derribar las categorías binarias y limitantes que les han impuesto la familia y la cultura; ayudar a las parejas a continuar juntas o separarse con un cuidado enorme. Lo que no he hecho es tratar de ayudar a las personas a encontrar más formas de etiquetarse a sí mismas o a sus parejas como narcisistas tóxicas.

Quería ayudar a las personas a aceptar su humanidad y normalizar los desafíos. Sin embargo, cuanto más leía en internet, más me parecía que el pensamiento de la cultura dominante estaba amplificando la tendencia a patologizar y diagnosticar a los demás. En lugar de diagnósticos médicos, lo que tenemos ahora son diagnósticos culturales que etiquetan comportamientos, pensamientos y emociones como «problemáticos» o «enfermizos» conforme a normas sociales, expectativas y tendencias actuales.

Nos están vendiendo enfermedades, y nosotros nos las estamos comiendo con patatas. Esto nos ha dejado en un estado de pánico, atormentados por la idea de que siempre hay algo que va mal en nosotros o en nuestras relaciones, que siempre hay algo que se puede arreglar y mejorar.

Para combatir esta tendencia de la súper simplificada «Instaterapia» online, decidí crear mi propio contenido. Junto a mi mejor amiga, Lisa, hicimos una lluvia de ideas para pensar en nombres para cuentas de Instagram, y a ella se le ocurrió @yourdiagnonsense (un juego de palabras que significa algo así como «tu diagnóstico sin sentido»), en referencia a una de nuestras películas favoritas, *Inocencia interrumpida*. (Gracias, @leethsa.) Me pareció que este nombre de usuario tenía sentido, porque una gran parte de la psicología popular de nuestra cultura son diagnósticos sin sentido.

El contenido inicial que compartí en Instagram se basaba en mis propias experiencias: dificultades de mi pasado o historias de sesiones con clientes. A medida que más usuarios de Instagram comenzaron a descubrir mis publicaciones, varias parejas e individuos empezaron a acudir a mi consulta; todas esas personas lidiaban con problemas que eran un reflejo de los míos propios.

Todos mis clientes tenían más o menos mi edad y eran parejas que estaban intentando resolver conflictos, o individuos desesperados por separarse de familiares o fijar límites más claros con ellos. A una de mis clientas, el marido la había engañado al mismo tiempo que mi ex me había engañado a mí. Incluso tuve un cliente cuyo padre había fallecido al mismo tiempo que el mío.

Trabajar de psicoterapeuta mientras estás atravesando un momento personal complicado es una experiencia extrañísima. Y, en este caso, parecía como si mis clientes y yo estuviéramos viviendo vidas paralelas... y así era. Pero eso no se debía a ningún cambio cósmico, al movimiento retrógrado de Mercurio, ni a que tuviera el Sol o la Luna en Virgo. No. La razón era simple: yo, al igual que ellos, era un ser humano que luchaba por entender todo lo que estaba sucediendo en una cultura que no hace absolutamente nada por ayudar; una cultura que, en lugar de eso, nos enseña a avergonzarnos de quienes somos y hace que nos sintamos ansiosos por cumplir con estándares idealizados e inalcanzables.

En la infancia pasamos más tiempo aprendiendo a hacer divisiones largas que a identificar nuestras propias emociones, y menos a aprender a comunicarnos de forma efectiva. No prosperamos debido a nuestra capacidad para las matemáticas. Nuestra constante evolución siempre se ha basado, y seguirá basándose, en la humanidad que compartimos. La falta de orientación social y relacional en la cultura es un escándalo en el mejor de los casos, y dañino para la supervivencia en el peor.

Cuanto más trabajaba con individuos y parejas en sus relaciones, más percibía las similitudes entre sus historias. Todos los que acudían a mi consulta tenían ansiedad por sus relaciones y preocupaciones «urgentes» con respecto a ellas, pero, a pesar de que cada persona sea única, los temas subyacentes no dejaban de ser asombrosamente parecidos:

- Todos tienen traumas relacionales que recrean en el contexto de las citas o de las relaciones íntimas (traumas de los que no son para nada conscientes, pero que aun así les generan ansiedad).

- Todos tienen expectativas poco realistas de las relaciones y el sexo (expectativas de las que no son para nada conscientes, pero que aun así les generan ansiedad).
- Todos se avergüenzan de cómo experimentan la vida, las relaciones y la sexualidad (vergüenza de la que sin duda son conscientes y que les genera ansiedad).

La disponibilidad y el acceso que tenemos hoy en día a la información, los memes satíricos y la educación sobre psicología en redes sociales no ayudaba a aliviar la angustia de mis clientes. Por el contrario, mis pacientes se sentían ansiosos, obsesionados y totalmente solos. Les bombardeaban con contenido de autoayuda. Caían en una espiral de desesperación. Analizaban. Y se paralizaban por completo. Con todos estos «expertos» en las redes sociales, parece que, como cultura, hemos sido adoctrinados por una influencia similar a la de una secta y ahora necesitamos que nos desprogramen para funcionar en paz.

¿Por dónde empezar? Deja de centrarte en buscar guías estrictas sobre cómo crees que «deberías» vivir tu vida. Se acabó eso de consultar listas con los diez puntos principales de algo que está repleto de matices y complejidades, algo que no puede plasmarse de manera adecuada en solo un par de viñetas. (Y si no encuentras los matices y la complejidad, es porque no te has fijado bien.)

En resumen, necesitamos una desintoxicación del rígido dogma actual sobre el amor, el sexo y la vida.

El mercado del amor

En las últimas décadas, la cultura occidental ha estado poniendo el listón de la realización personal cada vez más alto, y ahora se espera que el amor nos ofrezca una satisfacción absoluta en la vida. Yo diría que estamos tratando al amor como si fuera otra búsqueda capitalista más. Las aplicaciones de citas son, en esencia, un mercado en el que las posibles parejas son el producto que se vende y el amor es el artículo de lujo que todos quieren conseguir.

Piensa en el proceso de las citas. ¿Acaso es en realidad muy diferente al de hacer una compra grande? Evalúas las opciones con cuidado y consideras toda una larga lista de factores, entre los que se encuentran el estatus social, el empleo, la ubicación, el aspecto físico y la compatibilidad percibida a largo plazo (basándote en una información casi nula). Entonces te embarcas en un proceso de comparación en el que pones a dos posibles parejas sobre una balanza, como si estuvieras eligiendo entre dos productos diferentes.

Al mismo tiempo, nos convertimos a nosotros mismos en bienes que se pueden vender. Procuramos dar una buena impresión para atraer a posibles parejas. Esto implica una demostración calculada de nuestros atributos, algo muy similar a la publicidad de un producto.

Nos deslizamos por la aplicación para encontrar un interés romántico que sea atractivo, que vista bien, que tenga dinero, que tenga ambición, que esté emocionalmente presente y que sepa comunicarse. Queremos tener una pareja excepcional, una relación lo más feliz posible y un sexo de lo más apasionado. Encontramos a alguien que nos parece que encaja con lo que buscamos y luego, al enfrentarnos a cualquier adversidad, de inmediato suponemos lo peor. Comenzamos un proceso de escrutinio en el que nos obsesionamos junto a nuestras amistades y confidentes más cercanos con cada mensaje de texto que nos llega (o no nos llega) y cada paso en falso.

Lo que perseguimos es una versión «comercial» del amor. Ya sabes de qué hablo. El «felices para siempre». El cuento de hadas de la pareja perfecta, el alma gemela o la persona con la que «ahora todo tiene sentido». Una versión instantánea y fácil del amor que no requiere nada de esfuerzo y no implica nada de dolor.

Cuando mis clientes solteros comparten sus experiencias con las citas, a menudo dicen: «No sé si funcionará porque esa persona__________».

Lo he oído todo:

- «No funcionará porque esa persona no está libre los viernes.»
- «No funcionará porque esa persona vive en Brooklyn y yo, en el Upper West Side.»
- «No funcionará porque esa persona es Géminis y yo, Escorpio.»
- «No funcionará porque esa persona tiene un hijo menor de diez años.»

Todos tienen un ________. Y tienen también toda una historia que explica por qué ________ no funcionará. Y casi tiene sentido.

En lugar de tomárnoslo con calma —tener citas, conocernos de verdad poco a poco—, queremos saber con facilidad adónde estamos yendo y cómo llegaremos allí. Queremos una combustión de química orgánica; una chispa; fuegos artificiales. Todo el mundo (incluso yo, de vez en cuando) caemos en estas «fantasías», pero estas cuestiones son fundamentalmente falsas y poco realistas.

Conforme nuestras expectativas con respecto al amor se han elevado a alturas sin precedentes, nuestro compromiso para hacer el trabajo necesario para mantener ese amor se ha desplomado. Esto puede deberse a que nos aferramos a la fantasía de que, con la persona «indicada», el amor será pura dicha. La verdad es que todas las relaciones incluirán momentos insatisfactorios y decepcionantes. Esto no tiene por qué ser un indicador de que la relación o la pareja no sean las adecuadas (aunque puede serlo). Es solo un reflejo de la naturaleza intrincada de las relaciones en sí mismas.

Quizás nuestra creencia en el cuento de hadas es lo que nos asegura que los riesgos y las vulnerabilidades emocionales a las que nos exponemos en nuestra búsqueda del amor valdrán la pena. Pero el cuento de hadas en realidad sabotea nuestras relaciones. Y tenemos una estrategia más equilibrada al alcance de la mano.

Desaprender «las reglas»

Las reglas modernas para el amor y la vida se han establecido para protegernos. Actúan como estrategias de defensa. Si bien nacieron del miedo y de la ansiedad, estos mecanismos de defensa han tenido un lavado de imagen y ahora se han convertido en medidas de salud esenciales para navegar por las experiencias relacionales.

Pero te prometo que hay una historia más profunda en juego.

El enfoque moderno del amor tiene que ver con la autoprotección y con salvaguardar nuestra independencia. Intentamos protegernos a nosotros mismos de maneras en las que generaciones anteriores no lo hacían ni podían hacerlo. Y, desde luego, esto es algo que debemos hacer. La mayoría de nosotros nos hemos sentido devastados por alguien o algo en algún momento. A mis abuelos les pasó. A mi madre le pasó. A mi padre le pasó. A mis hermanos les pasó. No me gustaría para nada regresar allí (a la infancia), y sé que a ti tampoco.

Nos encontramos en medio de una crisis colectiva, lidiando con traumas intergeneracionales no resueltos que persisten en nuestra realidad actual. Muchos de nosotros provenimos de familias que han experimentado traumas enormes, que quizás no solo hayan tenido lugar en la vida de nuestra familia inmediata, sino también en la de generaciones anteriores. Estos traumas no resueltos pueden transmitirse de generación en generación, lo que crea un ciclo de sufrimiento que persiste a lo largo del tiempo.

Identificar las señales de aviso, mantener los límites, usar etiquetas y evitar a todos los narcisistas que creemos identificar como si fuéramos expertos son, en realidad, respuestas normales al trauma. Lamentablemente, al igual que la mayoría de los mecanismos de defensa, pueden terminar dañando más de lo que ayudan. En lugar de entender, aceptar o tolerar las inevitables dificultades que surgen en las relaciones, quizás nos descubramos condenando a nuestras parejas, o incluso a nosotros mismos, por ser imperfectos.

Podría decir que ninguna de las reglas ni los mecanismos de defensa sirven, pero no todo es tan blanco o negro. Hay algo valioso en fijar estándares que seguir. Si mi madre hubiera sido más selectiva con la persona con la que pasaría el resto de su vida, o si hubiera sentido que marcharse era una opción, quizás no se habría quedado con una pareja maltratadora (o no la habría elegido en un principio). Esto habría sido toda una revolución para mi familia, y yo no habría tenido una infancia definida por el miedo.

Esto no es un debate en términos de todo o nada; es evidente que necesitamos algunas reglas para protegernos de parejas violentas y relaciones poco seguras.

Sin embargo, algunas reglas quizás no sean aplicables, o incluso necesarias.

No es que nuestras expectativas sean demasiado altas. No es que sean demasiado bajas. Es que el enfoque es incorrecto. El mío. El tuyo. El de todo el mundo.

Necesitamos una reformulación con matices.

Es hora de crecer

El ideal imperante sobre el amor es que se asocia a una vida plena y a una aceptación absolutas. Anticipamos que nuestra pareja cambiará nuestra vida para mejor. Piensa en la grandiosidad de esta expectativa: en esencia, lo que hacemos es designar a nuestra pareja como un salvador.

Pasé años esperando que mi ex cambiara para sentirme más satisfecho. Yo estaba paralizado, era incapaz de pedir ese cambio de una manera amable y productiva, y no dejaba de pensar que mi felicidad «dependía» de que él cambiara. Pero no es así como funciona el cambio relacional. Y tampoco era amor, sino que era una misión de rescate.

He aquí la verdad: para cambiar nuestras relaciones, debemos cambiar nosotros mismos. Sería más útil pensar en una pareja como en una relación con nosotros mismos antes que nada.

No, esto no tiene que ver con el amor propio. Se trata de entenderse, de ser consciente de uno mismo y del crecimiento personal. Cuanto más pensemos desde un punto de vista enfocado en la autoconciencia y las relaciones, más probabilidades tendremos de cocrear una relación satisfactoria, de afrontar los desafíos y distinguir cuándo debemos alejarnos de relaciones que ya no funcionan.

Y para cambiarnos a nosotros mismos, debemos saber cómo nuestra historia moldea nuestros miedos presentes y futuros. Debemos ser conscientes de quiénes somos, de dónde venimos y de qué manera proyectamos esas historias sobre nuestra(s) pareja(s).

Esta es la historia que exploro con mis clientes, y este es el viaje en el que me encuentro desde hace veinticinco años con mi propio psicoterapeuta, Derek.

Esto va de traumas y de mecanismos inconscientes que permean todas nuestras relaciones. Nuestras heridas tienen el poder de influir en nuestra elección de pareja y la dinámica que terminamos entablando con ella. Eso es lo que en el libro llamaré «recreaciones». Si quieres crear relaciones más seguras, es crucial que asumas la responsabilidad del papel que desempeñas a la hora de generar esas recreaciones. Las recreaciones tienen que ver con los traumas colectivos que hemos heredado de las historias intergeneracionales de nuestra familia.

A lo largo del libro te invitaré a aceptar algunas verdades difíciles, sobre todo en lo que respecta a capear el dolor. Reconozco que es probable que parte de tu motivación para leer este libro haya sido aprender a evitar esos desafíos. En lugar de eso, mi meta es empoderarte con seguridad y fuerza interior para que puedas confrontar la realidad de la condición humana que compartimos.

Esta realidad gira en torno al predicamento fundamental de la vida: está repleta de desafíos, momentos de desesperación, y la presencia ineludible del dolor. Lamentablemente, a menudo nos bombardean con mensajes que prometen una vida libre de dolor, en los que se muestra a la felicidad como un estado constante y fácil de alcanzar. Nuestros propios esfuerzos por evitar el dolor han creado obstáculos para nuestro bienestar y para la satisfacción general en la vida.

Si queremos crecer de verdad, debemos confrontar y aceptar nuestro dolor, incluso correr hacia él, y reconocer que puede ser un maestro muy valioso. Es paradójico que solo al afrontar y aceptar esos momentos dolorosos podemos experimentar un crecimiento personal significativo y aprender lecciones profundas sobre nosotros mismos y nuestras relaciones.

En este libro ahondarás en la exploración de tu psiquis inconsciente e identificarás de qué manera tu pasado conforma tu presente. Trabajaremos juntos para sacar a la luz patrones y comportamientos que quizás hayan permanecido en las profundidades de tu mente inconsciente durante demasiado tiempo. No te preocupes. No espero que alcances una autoconciencia y una sanación absolutas en lo que tardarás en leer este libro. No se trata de algo que debas hacer para el mes que viene ni para el próximo año. Son cosas que seguirás haciendo el resto de tu vida. Se supone que las harás de forma imperfecta a lo largo del tiempo. Así que date un respiro a ti y a todos los que te rodean.

En cada capítulo se te pedirá que hagas una pausa, reflexiones y explores la profundidad de tus emociones y experiencias. No se trata de pasar las páginas lo más rápido posible, sino de sumergirte en las narrativas y los conocimientos presentados para hacer conexiones significativas con tu propia vida.

La esencia de este libro no es ofrecer respuestas, sino ayudarte a explorar tu propia historia única y cultivar una mayor comprensión de las dinámicas en juego dentro de tus relaciones. Al convertirte en el autor de tu propia historia, podrás empezar a reclamar tu poder y enfocarte en la vida de una manera más intencional y consciente.

Este proceso requiere paciencia. No se trata de erradicar fallos ni de resolver todos los conflictos de un día para otro, sino de fomentar la compasión y la bondad hacia ti y hacia los demás. Se trata de reconocer que el amor, la vida y las relaciones son cosas complejas de por sí, que están repletas de alegría y dolor, éxitos y fracasos.

El propósito de leer este libro no es encontrar una cura.

Es encontrar tu historia.

1. Fantasmas emocionales

> Hasta que no descubramos cuál es el verdadero evento disparador de nuestra historia familiar, podemos revivir miedos y sentimientos que no nos pertenecen —fragmentos inconscientes de un trauma— y pensar que son nuestros.[2]
>
> Mark Wolynn, *Este dolor no es mío*

Llevo más de una década trabajando con individuos y parejas, ayudándoles a explorar las narrativas que crean sobre el amor y la vida. El origen de todos los desafíos que presentan se remonta a una sensación de pérdida y al profundo anhelo por el amor y la aceptación que la acompaña.

A menudo sentimos que nuestras experiencias (entre las que se incluyen emociones, deseos y desafíos) son únicas y aisladas, y que están aparentemente desconectadas de algo que no sea nosotros mismos. Pero nosotros no somos el punto de partida, sino que nuestra vida supone un par de capítulos dentro de una historia más antigua que nos precede. Por eso, una parte crucial del proceso psicoterapéutico consiste en establecer una conexión con esta narrativa intergeneracional.

Tras una sesión con un cliente, me di cuenta de que tenía una comprensión mucho mayor de la historia de los progenitores de mi cliente que de los míos propios. Esto me impulsó a tener el

2. Wolynn, Mark (2017), *It Didn't Start with You: How Inherited Family Trauma Shapes Who We Are and How to End the Cycle*, Penguin, Nueva York, p.77.

mismo tipo de conversaciones profundas con mis progenitores. Si tienes la oportunidad, te animo a que tengas una conversación similar con los tuyos. Sigue leyendo para llegar a la historia de mi madre y, mientras leas la entrevista, toma nota del estilo conversacional. Al final de esta sección, compartiré una serie de preguntas que te ayudarán a iniciar tu propia entrevista con tus padres.

Dolor heredado: la historia de mis padres

—Solo quería ser amada.

Eso fue lo que dijo mi madre cuando le pregunté por qué había elegido casarse con mi padre. No dijo que «satisfacía mis necesidades» ni que «validaba mis emociones». No hizo ninguna mención a señales de alarma ni a conductas tóxicas (aunque había muchas). Nada sobre las similitudes, las diferencias, la química, las almas gemelas o el haber sido una pareja «adecuada». No habló de nada de lo que mis clientes y yo hablamos cuando tocamos el tema de las relaciones. Ella solo quería amor.

Pero ¿qué significa el amor? Desde luego, como soy psicoterapeuta, quise saber más, así que seguí adelante.

—¿Qué significaba el amor para ti, mamá? ¿Qué buscabas en una pareja antes de conocer a mi padre?

—En ese entonces, el amor significaba ser admirada —respondió—. Quería un hombre con un fuerte sentido de los valores familiares, alguien que me cuidara y me mantuviera segura.

No hizo falta ninguna lista de diez requisitos, ni de signos de amor, ni de estilos de apego, ni de criterios o análisis. Solo se trataba de admiración, valores familiares, compromiso y cuidado.

—¿Es eso lo que aprendiste de la abuela? —Quería saber más del contexto que había calado en las ideas que mi madre tenía sobre el amor.

—Me casé a los veintidós e, incluso entonces, mi madre creía que era gay. Querían que una se casara a los dieciocho, a los veinte. Y si no lo hacías, eras gay, estúpida o fea. También quería escapar de mi familia, así que esa fue la única salida que veía. Me enseñaron que el amor significaba encontrar a alguien que se casara contigo y tener niños.

—¿Escapar de tu familia? ¿De qué escapabas? —pregunté. Tenía una noción básica de la historia, pero sentía que ella se había estado guardando una parte.

—Tu padre me sacó de esa casa. Me alejó de mi padrastro. Él arrojaba la comida contra la pared. No era agradable.

—Entonces, ¿era maltratador y violento?

—Sí, podría decirse eso. Sí, era violento. Siempre estaba enfadado. Yo detestaba cada vez que regresaba a casa. Le tenía miedo. Y luego mi madre me sentaba y me contaba cosas que no debería haberme contado, pero lo hacía porque no tenía a nadie más con quien hablar. Me contaba de los amoríos que él tenía. Y creía que al contarme eso, me estaba enseñando una lección sobre el amor y lo que había que evitar.

Se me empezaron a llenar los ojos de lágrimas. Sabía que su padrastro era frío, pero ignoraba que era violento. Mi padre también lo había sido y yo le tenía miedo. Mi madre a menudo me lloraba a mí y me contaba cosas que no debería haberme contado.

Al acabar la entrevista, lloré. Lloré por ella. Lloré por mí mismo. Lloré por mis clientes. Y lloré por ti.

Las historias de tus progenitores son tus historias. Y si buscas fortalecer tu autoconciencia, quizás no llegues demasiado lejos sin averiguar más sobre las personas que te han criado. Lo que a menudo supone un desafío es que en la mayoría de las familias no se habla de estos temas. A veces van incluso un paso más allá y niegan una historia de trauma o se enfocan solo en los recuerdos extremadamente positivos o idealistas. Esta clase de negación es frecuente entre quienes han sobrevivido a un trauma. Usan la negación para protegerse a sí mismos y a sus hijos de los horrores que tuvieron que vivir. Descubrir las narrativas ocultas de tu familia es vital, ya que es posible que las estés recreando en tu propia vida sin ser consciente de ello.

Antes de que sea demasiado tarde, asegúrate de tomarte el tiempo para preguntarle a las personas que te criaron sobre la historia de sus vidas. Y si tienes hijos, asegúrate de compartir la tuya con ellos. No es solo una oportunidad de afianzar vuestro vínculo, sino que me animaría a decir que es necesario para sanar tus heridas de la infancia. A menudo es muy fácil cosificar y evaluar a nuestros progenitores conforme a nuestra experiencia de haber sido criados por ellos. Sin embargo, es esencial humanizarlos y reconocerlos como individuos completos con historias propias, al igual que las nuestras. Conocer más sobre la vida de mi madre me dio una perspectiva nueva y poderosa. Ahora entiendo por qué hizo lo que hizo. Entiendo que no solo heredé los ojos marrones y el cabello grueso de ella, sino también su trauma. La historia de mi padre estaba igual de repleta de patrones perturbadores. Cuando lo entrevisté, él ya era mucho mayor y sufría de demencia de inicio temprano. No estaba del todo claro cuáles de sus historias debía creer, pero cuando le pregunté a mi madre, me confirmó que todas eran ciertas.

Los padres de mi padre nacieron a finales de la década de 1890 en un pueblecito de una Ucrania controlada por Rusia, y más tarde huyeron e inmigraron a Estados Unidos. (Tuvieron suerte de poder escapar, ya que muchos de sus familiares murieron.) En Estados Unidos, tuvieron muchas dificultades para subsistir. Vivían en South Boston y, tras el nacimiento de mi padre, se mudaron a Chelsea (Massachusetts). Ambos sitios eran antisemitas, y mi padre era a menudo el blanco de los niños del barrio; otros dibujaban esvásticas en el porche delantero de la casa o dejaban vidrios rotos en el camino de entrada del coche. Mi abuelo murió cuando mi padre tenía once años y mi abuela intentó suicidarse al poco tiempo. Al tener que cuidar de su madre mientras procesaba su duelo, mi padre nunca pudo expresar o experimentar el suyo propio. La palabra *abandono* se queda muy corta para describir su experiencia en la infancia. Una vez que su madre se recuperó, tuvo que empezar a trabajar todo el día todos los días, pero como no había quien cuidara de mi padre, lo dejaba en el cine durante horas. Era apenas un niño. A mí también me dejaban solo con frecuencia de niño. Y yo era el cuidador emocional de mi madre.

Lamentablemente, ni mi madre ni mi padre se recuperaron de su infancia y, en la edad adulta, ambos recreaban sus problemas no resueltos sin darse cuenta. Crecieron en un momento en el que las emociones, el trauma y la violencia no se reconocían. No se les dio la oportunidad de sanar, no tuvieron a nadie con quien hablar, y los memes que satirizan la salud mental definitivamente no existían todavía.

Tras haber perdido a tantos familiares en la guerra y el Holocausto, mi árbol genealógico desalentó la independencia para mantener la unidad de la estructura familiar; la prioridad era la supervivencia, por encima de tener relaciones satisfactorias o de gozar de bienestar mental. Además, estar solo se asociaba con la muerte, así que todos permanecían en relaciones a pesar de que fueran de naturaleza violenta. Yo había entrevistado a mis padres más o menos al mismo tiempo que estaba considerando la idea de poner fin a mi relación con Alex. Estaba indeciso, paralizado de miedo ante la noción de terminar una relación con alguien a quien quería muchísimo y de quedarme solo. Sin saberlo, estaba intentando resolver la historia intergeneracional que ni mi padre, mi madre, su madre ni todas las generaciones anteriores habían logrado resolver.

Cuando te prepares para dialogar con tus padres, es fundamental no solo armarte de preguntas productivas (echa un vistazo a las preguntas de más abajo), sino también abordar la conversación con sensibilidad y sin juzgar.

A menudo, la profundidad y la vulnerabilidad de algunas preguntas pueden conducirnos a territorios desconocidos, lo que hace que el proceso sea un poco incómodo. He escuchado a mis clientes decirlo; muchos de ellos confesaron sentir ansiedad y confusión a la hora de iniciar una conversación de este estilo con sus familiares.

Pero esa incomodidad tiene un significado. Esa inquietud suele indicar una dinámica de relación construida alrededor de la evasión y la negación. Uno de los actos más profundos que podemos realizar en nuestra misión de crecimiento personal es romper estos patrones intergeneracionales de silencio.

Entonces, ¿cómo comienzas una de estas charlas? Tan solo hazlo. Las palabras que uses para romper el hielo serán de tu propia cosecha. Quizás sea algo así: «Hace poco leí un libro asombroso (¡ja!) que sugería que explorara las historias de mi familia». O tal vez: «El otro día me puse a pensar en la abuela y me di cuenta de que conozco muy poco sobre el linaje de nuestra familia y de cómo fue que la abuela llegó a este país. ¿Podrías contarme su historia?». Ya sea que se trate de una narrativa creada para esto o una pregunta orgánica, la clave está en poner las cosas en marcha.

Es de vital importancia recordar que se trata de una entrevista, no de una confrontación. No es el momento de desafiar o confrontar, sino que es un espacio para escuchar y aprender. Canaliza tu Barbara Walters interior, busca las historias, los detalles más jugosos y todo el cotilleo familiar. Si algún comentario o revelación te toma por sorpresa, toma una nota mental y continúa con naturalidad. Aborda la conversación con una bondad amable. Si tu padre o cuidador parece dudar o estar a la defensiva, insiste con suavidad y redirige la conversación. ¿Cuál es tu meta? Salvar las brechas, fomentar la comprensión y profundizar en las conexiones.

Preguntas de muestra

- ¿Puedes contarme algo del hogar en que pasaste tu infancia y el tipo de entorno en el que creciste?
- ¿Cuáles eran las normas o expectativas culturales sobre las citas, el amor, las relaciones y el matrimonio en la época en la que creciste?
- ¿Cómo evolucionó tu perspectiva sobre el amor y las relaciones a lo largo del tiempo?
- ¿Qué puedes contarme sobre tu padre y tu madre, y la clase de relación que tenías con ellos?

- ¿Tienes algunos recuerdos preciados de tu infancia que puedas contarme?
- ¿Hay algún recuerdo desagradable o atemorizante de tu infancia que te sientas a gusto compartiendo?
- ¿Cuáles fueron algunos de los desafíos o dificultades que viviste mientras crecías?
- ¿Cómo describirías la relación de tus padres? ¿Se llevaban bien? ¿Cómo expresaban su afecto? ¿Cómo resolvían los desacuerdos?
- ¿Qué orientación o consejos te ofrecieron tus padres sobre las citas, las relaciones y la intimidad? ¿Qué expectativas tenían para tus relaciones futuras, como el momento para casarte y tener hijos?
- ¿Recuerdas cuándo comenzaste a tener citas? ¿Cuáles fueron tus experiencias y cómo cambiaron a lo largo del tiempo?
- ¿Cuáles eran algunas de las cualidades que valorabas en una pareja?
- ¿Cómo hiciste para equilibrar el perseguir tus metas personales con el cuidado de tu relación?
- ¿Podrías compartir la historia de cómo conociste a mi madre/padre? ¿Tienes algún recuerdo especial de los primeros días de vuestra relación?
- ¿Qué consideras que es el desafío más grande para sostener una relación a largo plazo?
- Si tuvieras que ofrecer solo un consejo sobre el amor y las relaciones, ¿cuál sería?

Una década con Alex

Estuve con Alex durante toda mi década de los veinte. Diez años. Crecimos juntos.

Cuando nos conocimos, saltaron chispas, así que todo avanzó muy rápido. Me mudé con él a los pocos meses. En parte por la emoción y en parte para escapar de mis padres.

Ya había tenido relaciones duraderas, pero esta era la primera vez en la que nuestras vidas estaban del todo integradas. Teníamos una vida juntos, una casa, una adorable perrita Havapoo llamada *Zoey* (o *ZZ*, o *ZeeZoo*) y un calendario con viajes futuros. Su familia era la mía y la mía era la suya.

Era «nuestra» familia.

Me encantaba la vida que llevábamos juntos, pero con el paso del tiempo, comenzaron a surgir desafíos. La única relación con la que podía compararla era con la de mis padres, que era toda una película de terror. Mi padre era un maltratador y mi madre se había quedado con él porque temía estar sola; se sentía amenazada por la idea de tener su propia independencia y poder.

Alex no era para nada maltratador y nuestra relación era fundamentalmente sana, pero yo sentía esa misma impotencia e incapacidad de hacer oír mi voz que había observado en mi madre. Cuando se presentaron los desafíos con Alex, no solo era cuestión de enfrentarme a la decisión de marcharme o quedarme. Se trataba de la manera en la que yo, al igual que mi madre, manifestaba una dependencia ansiosa y una falta de poder en la relación. Ella nunca le exigió a mi padre que fuera a terapia ni que tomara medicación. Nunca lo llamó violento, aunque todos fuimos víctimas de su violencia doméstica. En lugar de eso, fuimos mi madre, mis tres hermanos y yo quienes hicimos terapia y tomamos medicación.

Yo hice lo mismo. Nunca le planteé a Alex sus limitaciones ni nuestros desafíos relacionales. Sus limitaciones no se parecían en nada a las de mi padre, pero de todos modos yo le respondía del mismo modo que había respondido al maltrato de mi padre. Me mantuve pequeño, callado y sin decir casi nada. Incluso cuando sabía que no estaba satisfecho, no le exigía más a Alex. Le pedí que fuera a terapia una vez. ¡Una sola vez! ¿Por qué no se lo pedí más a menudo? Porque eso era un factor desencadenante para mí, y yo estaba recreando la falta de poder que había aprendido de mi familia.

Descendí en una espiral de ambivalencia durante dos años, curioso por saber quién más existiría allí fuera de la relación, pero paralizado por la idea de perder a alguien a quien quería profundamente. En resumen, estaba viviendo una segunda infancia. Estaba atascado, sentía que no tenía poder y era incapaz de marcharme, pero a la vez no estaba dispuesto a intentar que las cosas funcionaran, por más que, como adulto, tenía poder, independencia y todas las herramientas necesarias para cambiar la relación o dejarla.

No tenía ni idea de lo que estaba haciendo. Lo único que sabía era lo que no quería, y eso era el matrimonio de mis padres.

En aquel entonces me pareció tener dos opciones:

1. Permanecer en la relación con Alex y seguir insatisfecho.
2. Terminar la relación y encontrar otra pareja (¡ja!, como si eso fuera fácil).

Lo que me faltaba era una tercera opción:

3. Trabajar la relación con todo el maldito esfuerzo que pudiera y, si eso no funcionaba, ponerle un fin y aprender a estar solo.

Elegí la primera opción hasta que no pude soportarlo más. En retrospectiva, veo que nunca le di una oportunidad a la tercera opción. La mayoría de las personas no lo hacen.

Con el paso del tiempo acabé poniendo fin a mi relación y fue muy doloroso. Estuve en un estado de duelo durante años. (Todavía resurge de vez en cuando.) Estuve perdido durante mucho tiempo, reconstruyendo mi vida e intentando encontrarme a mí mismo.

Hay una parte de mí que sigue buscando, que sigue construyendo.

Nunca estás atrapado y siempre hay esperanza

Ya sea que estés sin pareja, en una relación o en medio de una ruptura desgarradora, lo que sea que busques es alcanzable. Te aseguro que puedes hacer cambios y lograr lo que quieres (o al menos algo que se aproxime). No digo que vayas a tener una vida sin problemas. (Deshazte de esa ilusión lo antes posible.) En lugar de eso, tendrás la libertad de tomar mejores decisiones que te conduzcan a una vida más satisfactoria y llena de sentido, aunque siga siendo imperfecta.

Cambia hacia la autoaceptación.

Cambia hacia la capacidad de reírte de tu propia mierda en lugar de condenarte o de culpar a las personas a las que quieres.

Cambia hacia orgasmos de infarto.

¿Tengo las respuestas de cómo deberías vivir tu vida? No exactamente. Pero tú sí. Y te ayudaré a encontrarlas. Este es tu poder y quiero que te adueñes de él. Es muy probable que en algún momento te lo hayan quitado. Mi esperanza es que este libro te ayude a encontrarlo una vez más.

Este es el plan de estudios emocional y relacional que no te enseñaron en la escuela.

Prepárate. Las clases van a comenzar.

2. El amor moderno es un desastre

En el amor, la felicidad es un estado anormal. [3]

Marcel Proust

La gente tiene citas con el objetivo de encontrar a la pareja perfecta, a «la persona indicada». Queremos a alguien especial. Alguien cuyos genitales sean un reflejo perfecto de los nuestros, como dos piezas de rompecabezas que encajan a la perfección. Como un rayo que cae y ¡pum! Y aquí es cuando empezamos a oír esa melodía de campanitas que enfatiza la dicha absoluta (y los orgasmos múltiples).

Ah, y no sea cosa que lo olvidemos: «la persona indicada» también debe estar disponible emocionalmente al cien por cien, debe ser estable, haber sanado, haber pasado por terapia y ser capaz de comunicarse. Debe estar motivada, ser graciosa, querer crecer y ser madura. Tiene que tener un buen empleo y un gusto impecable. Le tienen que encantar los viajes y los perros. Debe estar en buena forma y disfrutar de la buena comida. Nada de imperfecciones ni señales de alarma, solo química pura, conexión y amor a primera vista. ¡Vaya!

Deja de buscar a la «persona indicada»

Sé que dijimos que nos desharíamos de las reglas, pero hay una que te puedes guardar: deja de buscar a la persona indicada.

---

3. Proust, Marcel (2023), *In Search of Lost Time, Volume II: Within a Budding Grove*, Outlook Verlag, Nueva York, p.109.

Todo el mundo va a las citas armado con una lista de necesidades, deseos y expectativas. Sabemos qué altura, peso, profesión y estilo de vestir buscamos en una pareja. ¿Por qué lo hacemos? Porque creemos que nos ayudará a construir la mejor relación posible con la menor cantidad necesaria de dificultad y dolor. Lamentablemente, esta clase de búsqueda selectiva del amor hace que nos resulte imposible conectar de verdad.

La cultura actual de las citas es un desastre, un verdadero problema. La mayoría de las personas se enfrentan a las citas sin tener ningún tipo de información sobre cómo desarrollar una relación. En lugar de eso, se enfocan en buscar la emoción del momento, la química o «la chispa». En hallar a la persona indicada. Es por eso que cada vez son más las personas que se han vuelto evasivas, distantes, y que se sienten profundamente solas. Muchas otras han afianzado su soltería y declaran que no necesitan una pareja que las complete.

Tener citas en el mundo actual presenta una serie de desafíos únicos que no existían en las generaciones anteriores. Ahora tenemos citas online con un sinfín de aplicaciones que prometen amor o, por lo menos, una conexión. Todas las plataformas presentan el mismo grupo de solteros dentro de un radio de ochenta kilómetros que están a tu alcance con tan solo deslizar el dedo por la pantalla. Tan solo deslizar el dedo, pulsar o poner «me gusta» se ha convertido en la nueva manera de decir «qué sexy eres».

Sin embargo, todos estos avances han traído algunas desventajas. La angustia de que te ignoren, dejen tus mensajes en «visto» o te hagan *ghosting* nos resulta muy familiar a todos. Luego están las citas en las que las cosas salen mal, en las que la persona que tienes frente a ti apenas se parece a la de las fotos cuidadosamente seleccionadas que has visto online. Quizás huela a sudor, tenga mal aliento o haga ruidos extraños, algo que nunca habrías notado por los mensajes de texto. Pero ¿sabes cuál es quizás la situación más desalentadora de todas? Cuando mantienes conversaciones maravillosas a lo largo de días o incluso semanas, sientes una conexión real y de pronto te encuentras con un silencio absoluto y nunca más sabes nada de la otra persona.

Así son las citas hoy en día. Pueden ser muy agotadoras y no demasiado esperanzadoras, pero son un mal necesario si buscas algo significativo. Es un poco como comer cuando no tienes hambre: solo tienes que hacerlo.

La mayoría de las personas que se encuentran en la rueda de las citas terminan temerosas, cautelosas y frías. Las atormenta pensar en su posible falta de valía personal y en otro posible rechazo, y suelen mostrarse angustiadas. Eso se traduce en todo lo contrario a la química: la desconexión. Así que, ¿cómo esperamos presentarnos a otra primera cita más y ser nosotros al cien por cien? Eso no ocurrirá.

LAS RELACIONES SE CONSTRUYEN

Si estás soltero y estás teniendo citas porque de verdad intentas encontrar a alguien que sea capaz de comprometerse, concéntrate simplemente en estar presente, escuchar y aprender sobre la otra persona. Pregúntate si te estás divirtiendo. Dirige tu esfuerzo a conocer a la otra persona y a dejar que ella te conozca a ti.

Cuando empiezas a salir con alguien, el tiempo que pasáis juntos y la comunicación deberían ser regulares y fiables. Para algunos, esto puede significar cenar una vez a la semana o una vez al mes. Eso debes decidirlo junto a tu nueva o potencial pareja. De un modo similar, en lo que respecta a la comunicación por mensajes de texto, hay personas que quieren comunicarse y charlar de manera constante (por ejemplo, yo) y otras que no. Una vez más, esto lo decides con tu pareja. Y si tienes dudas de qué viene a continuación, debes preguntar. Siempre. Preguntar no tiene nada de malo. No te cortes.

Las relaciones se construyen, no se manifiestan. Esfuérzate en la construcción. Crea cimientos sólidos. Deja de buscar señales de alarma, de psicoanalizar a la otra persona o de dar cosas por hecho basándote en la información limitada que has reunido hasta el momento. ¡Ten curiosidad y creatividad! Ten citas y haz preguntas trascendentes. Embárcate en aventuras y vive nuevas experiencias.

Durante las primeras citas, la gente suele sentir una ansiedad intensa. Los encuentros iniciales se definen por las suposiciones que hacemos de la otra persona basándonos en el perfil de una aplicación o una cuenta de Instagram. Estar presente ha sido remplazado por una parte de análisis intelectual y dos partes de hipervigilancia urgente. ¿El resultado? En lugar de estar presente en la primera cita, escuchando y aprendiendo de verdad, estamos en modo alerta, intentando descifrar cuánto daño nos podría hacer algún día la persona que está sentada enfrente. A esto lo llamo «daño potencial». El daño potencial es un proceso enfocado en el futuro y definido por los «y si...».

> «¿Y si somos incompatibles porque a él le gusta salir y a mí me gusta quedarme en casa?».
> «¿Es una señal de alarma que todavía se hable con su ex? ¿Y si todavía no ha superado esa relación?».
> «¿Y si me juzga por las dificultades que tengo en el trabajo? Me concentraré en las cosas positivas.».
> «¿Y si no le importa tanto la familia? Dijo que no tiene una relación muy cercana con la suya...».

Traducción: «¿Y si _________ es un problema y salgo herido/a?». Eso no es lo que significa estar presente; eso es lo que significa tener miedo. ¿El resultado? Una falta de vulnerabilidad y un aumento en los niveles de las hormonas del estrés, el cortisol y la adrenalina, que evitan que estés presente.

Ahora imagina que por fin has encontrado a tu «príncipe azul». Has decidido que, en el caso de esta persona, el potencial de que triunfe el amor sobrepasa el potencial de que salgas herido. Bueno, prepárate porque, en algún momento, la luna de miel llegará a su fin y la persona a la que has colocado sobre un pedestal te decepcionará de manera monumental. Entonces, de repente, tus expectativas llenas de esperanza se transformarán en una combinación de resentimiento y desprecio.

Con esto no quiero desalentar en absoluto las expectativas, los sueños ni los deseos que tengas con respecto a tu amorcito presente o futuro. Tenlos. Sueña y fantasea. Pero asegúrate de hacer la gran distinción entre tus sueños y la realidad de la vida y el amor.

Déjame que te lo explique. Cada uno de nosotros lleva consigo un conjunto de reglas en torno a las relaciones que han sido moldeadas y definidas por nuestra cultura y religión. Nos indican cómo proceder en nuestras relaciones, desde cómo hablar con un ex a lo que pensamos de las diferencias de edad o del tiempo óptimo para mudarse juntos, casarse e iniciar una familia. Interiorizamos estas directrices como verdades absolutas y las usamos como una brújula en la vida para proteger nuestro corazón.

Sin embargo, esta es la trampa: estas reglas y normas culturales no están basadas en ningún hecho concreto, ni pueden aplicarse de manera universal. Son el producto de sus respectivos momentos históricos y han evolucionado a lo largo de los años. Por eso he compartido contigo la historia de mi madre y te he alentado a que explores las experiencias de tu propia familia. Las reglas son, en esencia, valores sociales, y cambian a medida que la cultura cambia. Incluso me animaría a decir que…

La cultura define al amor

El entramado del amor y el matrimonio tiene una historia compleja que ha sido moldeada por factores culturales, económicos y sociales.

Históricamente, el mero concepto del amor dentro del matrimonio se consideraba un lujo inalcanzable. En su lugar, el foco estaba puesto en un matrimonio apropiado, con o sin amor.

Durante siglos, el matrimonio era una cuestión de practicidad, seguridad económica y posición social; se trataba menos del romance y más de una conexión que beneficiara a ambas partes de la pareja.

Si avanzamos en el tiempo hasta el día de hoy, vemos que el concepto del amor ha pasado por un completo cambio de paradigma. Buscamos un amor que cumpla nuestros sueños sin vulnerar nuestras libertades. Añoramos un amor que prometa felicidad eterna, apoyo incondicional y una compañía para toda la vida… con una persona que sea a la vez confidente, padre o madre de nuestros hijos, mejor amigo, chef experto y, sí, que incluso le guste pasear perros. No nos interesa quedarnos con nada que no sea un amor excepcional porque, en lo profundo, creemos que nuestra propia valía depende de eso. Una unión que en algún momento supo basarse en el sentimiento incondicional de «hasta que la muerte los separe» ha cambiado para convertirse en algo más condicional, basado en la satisfacción y la sensación de plenitud global.

Pero cuando mi madre conoció a mi padre en los años sesenta, las reglas del amor eran muy diferentes. Una de las reglas que siguió mi madre fue casarse y tener hijos. Otra regla era quedarse en ese matrimonio sin importar qué. Quedarse por los niños. Quedarse porque no puedes ser una mujer soltera a los cincuenta; nadie te querrá. A mi madre no le enseñaron nada sobre el maltrato y el trauma. Ni siquiera supo cómo llamar a la violencia doméstica con la que creció hasta que se la definí décadas más tarde. Su foco principal era encontrar seguridad y estabilidad a través del matrimonio.

Esa cultura de la negación evitó que generaciones enteras confrontaran y sanaran sus traumas familiares. Pero no se trata solo de una cuestión de negación personal, sino de una desestimación social y cultural de estos problemas en su totalidad.

Por suerte, nuestra comprensión de los traumas se ha expandido, lo que nos ha hecho ver la necesidad de tener reglas culturales nuevas, con lo que se les ha empezado a abrir paso. Se trata de normas esenciales para nuestra protección y para garantizar que las generaciones futuras no se enfrenten a dificultades similares.

Así que sí, las reglas sobre el maltrato son buenas y necesarias. La seguridad es la parte más importante de cualquier relación. Las expectativas de ser tratados con bondad y empatía deberían darse por sentado. Sin embargo, por ejemplo, las reglas sobre recibir validación constante de una pareja o ser honesto el cien por cien del tiempo no son necesarias para una relación segura y satisfactoria. El péndulo se ha inclinado demasiado en la dirección contraria. Las generaciones anteriores tenían pocas reglas para la protección emocional. ¡Ahora tenemos toda una enciclopedia de ellas!

Sé lo que debes de estar pensando: «Me gustan estas reglas. No veo qué tienen de malo. Me gusta que me validen, quiero estar en una relación al 50/50, quiero que mi pareja sea como mi otra mitad». Pero lo que yo quiero que entiendas es que esa lista de verificación no puede ser la principal brújula que uses para navegar por el mundo de las citas y las relaciones. Deja que sean una guía flexible: tu meta principal es estar presente y establecer una conexión.

Si permites que algunas de las reglas actuales se pongan al volante, te aseguro que no tardarán en sabotear tu relación. Comenzarás a ver a tu pareja no como un individuo con una historia y unas necesidades propias, sino en términos de qué es lo que tiene para ofrecerte. Esta mentalidad será una barrera para establecer una conexión verdadera y resolver los problemas más profundos que inevitablemente surgirán en la relación.

El amor consiste en valorar a la persona, no su utilidad. Debemos dejar de ver a nuestras posibles parejas a través de la lente de qué es lo que nos «brindan» u «ofrecen» y, en lugar de eso, apreciar quiénes son como persona.

Esto es lo que le ocurrió a mi cliente Eric.

Eric: el cuidado como deseo de que cuiden de ti

Eric es un cliente al que llevo años visitando. Es un hombre cisgénero y heterosexual de cuarenta y tres años que nació en Oriente Medio. Sus orígenes se remontan a Israel, país del que emigró hace dos décadas para completar sus estudios universitarios. Cuando inició terapia, decía sentir una profunda soledad y ansiedad por no poder conseguir pareja.

A lo largo de los seis meses siguientes, supe de su infancia. Eric tenía una relación muy estrecha con sus padres, pero a menudo asumía el papel de cuidador. Esto es lo que los psicoterapeutas que trabajan con clientes que han experimentado toda una variedad de traumas llamarían «falso empoderamiento», «parentalización» o «abandono emocional». Elige el término que prefieras. En cada uno de esos casos, la preocupación del cuidador por sus propias necesidades emocionales conducen al descuido o a quitar prioridad a las necesidades del niño. La madre de Eric sufría de ansiedad y él se convirtió en su fuente principal de consuelo, una suerte de mantita de seguridad en un mundo que rebosaba incertidumbre. Su padre, por otro lado, era como un personaje periférico en la historia de su vida; a menudo estaba trabajando, desconectándose frente al televisor o encerrándose en su habitación. Sus padres eran inmigrantes rusos que se habían trasladado a Israel justo antes de que naciera Eric. La mudanza fue todo un desafío para la familia, ya que el proceso de inmigración hizo recaer sobre los padres de Eric la responsabilidad de facilitar también la transición de sus propios padres (los abuelos de Eric) a un nuevo país. La obligación de cuidado en la familia se extendía por generaciones.

Sin embargo, la madre de Eric era su compañera, y su presencia era importante para él, por más que ella no estuviera emocionalmente disponible y él fuera el que estuviera actuando como el padre en la relación. Representar ciertos roles en una familia para recibir amor, aprobación y afecto, o para mantener la paz es una dinámica familiar común y una postura adaptativa para el hijo que necesita mantener la conexión para reforzar la sensación de seguridad. En el centro de esta dinámica compleja encontramos un deseo profundo por conectar, pertenecer y, en última instancia, ser querido. Lamentablemente, la necesidad de Eric de que alguien lo cuidara quedaba en segundo lugar.

Al comienzo de la terapia, Eric protegía a su madre en los relatos sobre el pasado y el presente. Me llevó meses lograr que afrontara, a nivel intelectual, que había cosas que él quería y que sus padres no le habían dado. Muchas personas demuestran una lealtad inconsciente a la propia familia y a menudo se abstienen de reconocer los sentimientos negativos o los agravios del pasado. Esto refleja un deseo muy profundo por proteger y mantener las conexiones familiares. Pero también requiere que reprimamos nuestra propia experiencia emocional y cualquier deseo particular no satisfecho. [4]

La cultura rusa en la que Eric se había criado valoraba mucho el respeto por los mayores. El énfasis en el respeto por las generaciones anteriores no es una simple práctica, sino un valor de raíces profundas que se encuentra presente en diversas culturas alrededor del mundo. De muy joven, a Eric le enseñaron a no desafiar o cuestionar nunca las acciones u opiniones de sus padres y abuelos. En consecuencia, reflexionar sobre el daño potencial que le pudieron haber causado sin darse cuenta era algo muy difícil para él, ya que nunca lo habían empoderado ni le habían permitido considerar una idea como esa.

Siempre les pregunto a mis clientes sobre sus padres y abuelos. Al indagar sobre el pasado de la madre de Eric, me di cuenta de que ella había experimentado una forma de abandono emocional por parte de sus propios padres. Se había criado en un hogar en el que su hermano sufría un tipo de esclerosis múltiple muy debilitante. Por eso se retrajo y adoptó el papel de asistente de su propia madre, algo muy parecido a lo que Eric estaba haciendo ahora con

---

4. Término sacado de Hellinger, Bert (2006), *No Waves Without the Ocean: Experiences and Thoughts*, Karnac Books, Alemania, p.197.

ella. Podría decirse que ese papel se había transmitido de generación en generación. Entender la historia de Eric como cuidador era esencial para comprender del todo lo que sucedería en su próxima relación romántica.

Estaba teniendo citas, y cada vez perdía más la esperanza. Atravesó una larga seguidilla de primeras citas, pero no consiguió conectar con ninguna de las mujeres a las que estaba conociendo. Como era de esperar, cayó en la trampa común de dar por hecho que estaba condenado a la soledad eterna. Estaría solo para siempre.

Al igual que muchas de las personas que entran al mundo de las citas, Eric tenía una lista mental de cualidades que le resultaban deseables en una pareja, y yo no dejaba de intentar redefinirla como una señal de ansiedad y de alentarlo a reconsiderarla. Era muy exigente, y mis intentos por suavizar sus rígidos criterios se convirtieron en un tema recurrente de nuestras sesiones. Para desafiar su obsesión por lo desconocido y reformular su ansiedad, adopté una estrategia simple y divertida, que consistía en decirle en tono firme, pero jocoso: «Deja de hacer eso». A decir verdad, esta es una frase que repito con bastante frecuencia a mis clientes. Quizás no sea la estrategia terapéutica más convencional, pero cuando se emplea en un tono liviano, mis clientes (entre ellos, Eric) parecen apreciar el humor que lleva consigo. El objetivo no es desestimar ni minimizar el objeto de la obsesión del cliente, sino enfatizar la importancia de reconocer la hipervigilancia como ansiedad y redirigir el foco hacia el significado subyacente de dicha ansiedad.

Por suerte, dejó de hacerlo. Yyyyy… ¡entonces llegó Julia! 🙂

Eric conoció a Julia y los dos congeniaron de inmediato. A lo largo del año, estrecharon su relación y decidieron mudarse juntos y sentar cabeza. Yo estaba extático, Eric estaba extático, ellos estaban extáticos.

En un principio, la presencia de Julia le ofrecía a Eric una sensación de ligereza, diversión y alivio de su ansiedad. Sin embargo, a medida que la relación progresaba (y la intimidad era cada vez mayor), Eric comenzó a enfocarse en sus diferencias y en lo que percibía como las limitaciones de Julia. Al poco tiempo de mudarse juntos, quedó en evidencia que Julia era una maníaca del orden, que se distraía con facilidad y que con frecuencia estaba absorta en su mundo. Ese mundo estaba lleno de ansiedad, de reglas rígidas sobre el tiempo libre y de una preferencia por actividades relajantes que no necesariamente implicaban conectar con Eric. Julia tenía arrebatos de frustración y ansiedad por eventos estresantes del día a día. Sin darse cuenta de ello, Eric volvió al modo de cuidador y empezó a recrear en la relación con Julia el papel que había adoptado con su madre: se convirtió en su cuidador y, en el proceso, quitó prioridad a sus propias necesidades.

No era solo que Julia estuviera ocupando demasiado espacio emocional (aunque así era), sino que Eric también le estaba dando ese espacio a ella y se estaba quedando con una porción muy pequeña. En lugar de ocupar espacio emocional por sí mismo, esperaba a que Julia se lo diera, lo cual, lamentablemente, nunca sucedió. Esto solo sirvió para reforzar la visión cada vez más negativa que Eric tenía de ella. Él elaboró narrativas sobre la personalidad de Julia y poco a poco fue modificando la perspectiva que tenía de ella. Para él, Julia era ahora egoísta, egocéntrica, y carecía de empatía. Y fue con esa observación que Eric comenzó a recular. La soledad que había sentido alguna vez mientras estaba conociendo a personas en citas se reflejaba ahora dentro de su relación, lo cual le hacía sentir a la deriva y emocionalmente abandonado por su pareja… un sentimiento no muy distinto al de su infancia.

Eric siempre traía café a las sesiones y bebía a sorbos nerviosos. Yo le recordaba que la cafeína exacerba la ansiedad, pero, al igual que muchos de nosotros, hacía caso omiso del consejo con tal de tener un subidón de energía. Un día, Eric llegó con el café en la mano, se desplomó sobre el sillón y se lanzó de lleno a hablar. (Un comentario al margen: me encanta cuando los clientes se lanzan a hablar de lleno.)

Eric: Ya no lo soporto. No creo que Julia sea capaz de demostrar empatía, o quizás sea que es tan ansiosa y está tan preocupada consigo misma que se le olvida que yo estoy allí. Y cuando lo menciono, parece que ni siquiera me está escuchando.

Yo: ¿Nada de empatía? ¿Es decir, nula? Eso suena bastante horrible. Dime, ¿con qué frecuencia y cuándo sucede?

Eric: No lo sé, quizás una vez a la semana. Si le digo que no me gusta que esté con el teléfono mientras vemos la televisión juntos, suele responder con algún comentario defensivo sobre por qué lo hace en lugar de respetar mi molestia. ¡Y entonces vuelve a usar el teléfono! Uno creería que se acercaría para darme un beso o demostrar algún tipo de afecto. ¡O que como mínimo dejaría el teléfono! Siempre es igual.

Sé lo que debes de estar pensando: «Está usando el teléfono, ¿cuál es el problema?», o, por el contrario, «¡qué desconsiderada!». Yo estaba pensando ambas cosas. Pero también sabía que esto no tenía que ver con el teléfono: Eric solo se sentía cómodo cuando convertía al teléfono en el centro de la conversación (cuando expresaba una visión crítica de Julia) en lugar de manifestar su deseo por conectar y obtener la atención (el amor) que buscaba. Esa era la dinámica que él y Julia habían cocreado; esos eran los papeles que habían asumido: Eric como cuidador y Julia como la persona cuidada. Eric comenzó a estar resentido con Julia porque siempre estaba ocupándose de sí misma. Cada vez que Julia cometía un error o no cumplía con sus expectativas, se convertía en una prueba más de que ella no era capaz de satisfacer sus necesidades como pareja.

¡Lo que todavía no he mencionado es que Eric y Julia llevan una vida maravillosa juntos! Eric se divierte cuando salen. Le encanta quedarse en casa y cocinar con ella. Tras mudarse juntos, ambos disfrutaron de desembalar todo y decorar el nuevo hogar. Y Eric quiere mucho a la familia de Julia.

Volví a nuestra conversación.

Yo: ¡Vaya! Vale, eso suena bastante solitario, y sin ninguna duda veo por qué estás molesto. No estoy seguro de que se trate necesariamente del teléfono. El teléfono es una metáfora. Pensemos un poco más en esto sin condenar a Julia. Porque Julia puede tener sus fallos y aun así ser una buena pareja para ti. (Ambas cosas son ciertas.) Lo que más me llama la atención es lo familiar que me resulta esta dinámica. Se asemeja al papel que tú tenías con tu madre. Debías ocuparte de la ansiedad de tu madre, al igual que con Julia y, como resultado de eso, no te permitías pedir un cuidado especial. Durante su desarrollo, los niños tienen necesidades de ciertos tipos de cuidado que tú, lamentablemente, te has perdido. Y podemos pensar en eso como un abandono emocional.

Eric permaneció en silencio. Cruzó las piernas y bajó la mirada.

A veces hago una pausa en la sesión para hacer comentarios con respecto a algún cambio notable del lenguaje corporal. Me detengo y digo algo propio de un psicoterapeuta, como «me he dado cuenta de que la expresión de tu rostro se ha desmoronado. Has cruzado las piernas. Has cruzado los brazos. ¿Qué está sucediendo?». Pero en esta ocasión seguí adelante porque sabía exactamente lo que estaba sucediendo: había tocado una herida con la que Eric no quería lidiar. Cada vez que yo mencionaba a su madre, me encontraba con obstáculos. Así que, desde luego, la mencionaba con frecuencia.

Yo: Quiero enfatizar que no es mi responsabilidad determinar cuánta invalidación o cuántos desafíos puedes o deberías tolerar en tu relación. Todo el mundo es diferente y hay personas para quienes cierto nivel de desafío puede ser demasiado y eso las hace sentir invisibles o provocadas.

O quizás tú puedas lidiar con esos desafíos. En tu caso, Eric, quiero que sepas que, según todo lo que has compartido, los momentos desafiantes o de invalidación a los que te enfrentas no predominan en tu relación con Julia. Ambos os divertís juntos, viajáis, y tú me has dicho que en general te sientes satisfecho con la vida que tenéis juntos. ¿Verdad?

Al mencionar estos puntos, noté un cambio sutil en el semblante de Eric. Su cuerpo se tensó y parecía estar a punto de irse. Era verano y el zumbido del aire acondicionado de fondo parecía ganar volumen dentro de ese silencio mientras yo esperaba una respuesta de él.

Finalmente, Eric rompió el silencio con un suspiro profundo. Su voz tembló un poco, lo que dejó ver su lucha interna. Por fin me miró fijamente a los ojos.

Eric: Veo lo que quieres decir. Es solo... No sé cómo... cambiar mi estrategia. Es... difícil. Y para ser sincero, no creo que haya esperanza. Las cosas no cambiarán. No hay nada que pueda hacer para que ella cambie. Además, ¡estoy enfadado!

Asentí, reconociendo su lucha interna.

Yo: Así es, Eric, ¡el cambio es todo un desafío! Las relaciones no son pan comido. Sacuden todo. Y no hay dudas de que Julia tiene problemas. Y esos problemas han activado tus problemas.

Continué:

Yo: Reflexionemos un poco más sobre esto. Nunca has podido participar en una relación íntima en la que priorizaras tus propias necesidades, tus experiencias emocionales y cualquier otra preferencia por encima de las de tu pareja. En lugar de eso, priorizas a los demás. Has aprendido a ser así desde la infancia, en tu familia, y has recreado este papel, que ya te resulta familiar, en la mayoría de tus relaciones, cuando no en todas. Lo cual es definitivamente un atributo positivo y algo que te hace una muy buena pareja. Y resulta que has elegido de pareja a una persona ansiosa que requiere que te conviertas en un cuidador. Aquí hay algo que podría ser poderoso para ti. Nunca fuiste capaz de enfrentarte de verdad a tu madre ni de priorizar tus propias necesidades. Sí que puedes hacerlo con Julia, pero no puedes lograrlo si esperas que Julia satisfaga tus necesidades como lo hacías de niño con tu madre. Julia no es tu madre y puedes dejar que esté ansiosa sin tener que hacerte cargo de ella. Puedes dejar que se sienta ansiosa sin restar prioridad a tu propia voz. Ese es el papel que desempeñas, y no tiene nada que ver con la culpa. Tiene que ver con la historia, el contexto y las dinámicas. Es esencial que aceptes que puedes querer más de la relación y a la vez entender que está bien no siempre obtener lo que quieres; a diferencia de lo que pasó durante la infancia, cuando el hecho de no haber tenido todas las necesidades satisfechas tuvo un impacto que marcará toda tu vida. Querías atención en ese entonces y la quieres también ahora. Y creo que puedes obtenerla. Pero tendrás que dejar ir tus expectativas y cambiar tu estrategia.

A lo largo de nuestras sesiones, Eric y yo abordamos otros conflictos. El obstáculo más grande para él, para mí, y posiblemente para ti, es aprender a identificar factores desencadenantes de nuestra infancia y la ansiedad que nace de las expectativas con respecto al amor y las relaciones. Estos dos elementos se entrecruzan y son el reflejo de un problema cultural más amplio que va más allá de elegir a la pareja equivocada.

Cuando buscamos el amor, creamos listas de cualidades que queremos en una pareja. Nos sentimos con derecho a una validación constante. Queremos que nuestra pareja nos convierta en su prioridad, incluso cuando nosotros mismos no lo hacemos. Esperamos que nuestra pareja satisfaga todas nuestras necesidades y cada uno de sus pasos en falso actúa como un desencadenante de nuestra ansiedad. Esperamos que nuestra pareja cambie los hábitos, las conductas o los rasgos de personalidad que nos resultan inconvenientes o irritantes solo porque nosotros se lo decimos (una o dos veces). Queremos la atención constante de nuestra pareja y vemos su dedicación por cualquier otro interés o desafío personal como señal de que no le importamos.

Si bien todos esos son deseos razonables, son expectativas poco realistas. La magnitud de la emoción que nos impulsa a satisfacer nuestras necesidades a menudo es un reflejo del dolor que sentimos en la primera infancia, cuando esas necesidades no fueron cubiertas. Pero ya de adultos, en una relación adulta, esas no son cosas que realmente necesitemos, y mucho menos por parte de nuestra pareja. Sé tan bien como tú lo fácil que puede ser obsesionarte con un rasgo o una limitación en particular de tu pareja y desestimar el contexto y las dinámicas que crearon ese rasgo o limitación en un principio.

Durante las sesiones, para tener un entendimiento más matizado y complejo de la vida de mis clientes (sin ningún tipo de juicio, claro), lo que hago es ayudarlos (tal como lo hice con Eric) a desenmarañar el contexto psicológico y cultural que ha dado forma a sus experiencias. Una autoconciencia más profunda impulsa el cambio y el crecimiento personal. Sin embargo, el crecimiento personal va más allá de reunir información o conocimiento; se trata de entrenarnos a nosotros mismos para pasar de juzgar a entender. Cuando juzgamos, limitamos nuestro potencial de crecimiento. Por el contrario, cuando nos abstenemos de juzgar, creamos una narrativa significativa y apreciamos la complejidad, lo que hacemos es abrirnos a más posibilidades de autodesarrollo y de mejora personal.

El contexto lo es todo. No ignores el panorama completo. El contexto es el quién, el qué, el cuándo, el dónde y el porqué de tu vida. Piensa en el contexto, o en tu vida, como si fuera un jardín. Todo influye en la manera en que ese jardín florece. Así como la atmósfera y la tierra intervienen en el crecimiento del jardín, cada detalle de tu vida contribuye a moldear quién eres.

Factores como dónde te criaste, las dinámicas dentro de tu familia y las finanzas desempeñan un papel. Tu identidad (piensa en tu género, raza, etnia y cultura de origen) interviene en cómo se desarrolla todo en tu vida. Desafíos como los problemas de salud, o incluso solo la falta de sueño, pueden tener un efecto drástico en tu bienestar y tus relaciones. Así que, al igual que en un jardín cada elemento tiene un propósito y una consecuencia, en la vida literalmente todo importa.

Pocos de nosotros pensamos en nuestra vida y en nuestras relaciones con un enfoque tan integral, pero hacerlo es crucial. Es especialmente relevante cuando consideramos cómo viven su vida las personas que pertenecen a grupos profundamente marginados, como las personas de color, indígenas, LGBTQ+ o con discapacidades. A menudo deben navegar por capas de desafíos muy complejas. El racismo, la homofobia, la transfobia, el sexismo y el capacitismo continúan existiendo en la mayoría de los espacios de todo el mundo. Estos entornos hostiles destruyen la autoestima. La falta de un sentimiento de aceptación y seguridad influye en todos los aspectos de la vida, desde las relaciones y el sexo hasta la trayectoria profesional. Estas dudas y estos miedos se encuentran bajo la superficie de nuestro entendimiento consciente, desde donde moldean nuestra vida en silencio, pero poderosamente, de maneras que no siempre nos resultan evidentes.

Cada uno de nosotros trae a la mesa sus propias historias únicas, sus contextos y sus necesidades dentro de una relación. Todos esos elementos se conectan a todo lo demás en nuestra vida, desde los traumas de la infancia hasta los sistemas de valores culturales tóxicos y mucho más. Busca estos matices y estas complejidades que definen tu relación. Acepta las capas de aspectos desconocidos y prepárate para el viaje. Esto es parte de lo que hace que la vida sea satisfactoria y, sí, que también dé un poco de miedo.

A medida que sigas avanzando en mi narrativa y la de mis clientes, empieza a aplicar estos conocimientos a tus relaciones pasadas, presentes y futuras. Comienza a reconstruir y a darle otra forma a tus guías relacionales. Puede que este proceso te intimide, pero confía en mí, es un esfuerzo gratificante que hará que tu vida y tu amor sean mucho más enriquecedores.

3. La historia

El pasado nunca muere. Ni siquiera es pasado.[5]

William Faulkner, *Réquiem para una mujer*

La vida antes de Alex

Antes de que te cuente sobre Alex, debes saber un poco sobre mí, mi familia y el mundo que parecía estar preparándome para él; pero no en el sentido místico de una manifestación ni nada por el estilo, sino en el sentido de que existía un vacío que definía mi mundo interno y la clase de amor que ansiaba inconsciente y desesperadamente. Empecemos por el principio.

Crecí al final de los años ochenta y los noventa en Newton (Massachusetts), un suburbio judío pudiente a unos veinte minutos de Boston. Mi hogar daba un poco de miedo con sus peleas, su tristeza, su ira y su gran dolor que se repetía sin fin.

Me declaré gay a los catorce años. En realidad, uno de mis tres hermanos mayores leyó mi diario y me arrancó del armario. Cuando le pregunté por qué lo había hecho, me dijo que estaba intentando «protegerme» de nuestro padre violento y homófobo. De más está decir que resultó contraproducente; en mi familia, todos éramos adversarios. Mis padres lo gestionaron pésimamente. Mi padre me dijo que me equivocaba y que era solo una etapa. Mi madre no hizo más que llorar.

---

5. Faulkner, William (1951), *Requiem for a Nun*, Random House, Nueva York, p.73.

En ese entonces, la homosexualidad era una realidad no reconocida en mi familia y en mi comunidad. Si bien Newton era bastante liberal y mi instituto tenía una Alianza Gay-Heterosexual, eran los noventa, y ser gay no era para nada guay. La única información que tenía de lo que significaba ser gay provenía de la peluquera de mi madre o de programas como *Will y Grace* y *Queer as Folk*. Debido a la falta de visibilidad de los gais, solo conocía las supuestas consecuencias de ser homosexual: VIH/sida, consumo de drogas y una soledad perpetua. En ese momento, ser gay también representaba una pérdida. Significaba que nunca me casaría, ni tendría hijos, ni encontraría a un compañero para toda la vida.

Mis tres hermanos trabajaban para mis padres. Pero, si bien era lucrativo, el negocio familiar no era un privilegio emocional. No era más que una extensión de la guerra de nuestro hogar transpuesto a una oficina. Mi padre beneficiaba a sus favoritos, hacía que todos se enfrentaran entre sí y escupía críticas severas a mis hermanos por errores comunes o incluso solo por estar allí. Y, al no hacer nada, era como si mi madre aprobara las estupideces de mi padre.

El maltrato tenía un efecto goteo en mi familia. Mis hermanos sufrían, y nadie los ayudaba ni les ofrecía compasión. En consecuencia, que me trataran a mí con bondad estaba fuera de lugar. A menudo les lloraba por lo cruel y demente que era nuestro padre. La respuesta que repetían una y otra vez era: «Todos tuvimos que pasar por eso. Ahora te toca a ti».

Cuando escribo esto, hace años que no hablo con mis hermanos. Estamos distanciados. Es importante señalar que los hermanos pueden tener experiencias completamente diferentes dentro de una misma familia. Esto puede deberse a todo un abanico de factores, desde la personalidad hasta la diferencia de edad, la relación individual con los padres, el orden de nacimiento y los roles y las responsabilidades que cada uno recibe dentro de la familia. Por ejemplo, siendo el más joven, yo nunca fui responsable de mis hermanos, mientras que mi hermano mayor fue responsable de mí y de mis otros dos hermanos desde muy joven. Fue muy injusto para él, y fue la receta perfecta para crear resentimiento e incluso odio, que es lo que ocurrió.

Si bien mi familia era muy disfuncional, cada uno de nosotros hizo psicoterapia (con resultados dudosos). Así que, cuando a los diez años comencé a tener desafíos emocionales, me mandaron a terapia a mí también. Pero no fue hasta que cumplí quince años que formé la relación más importante de mi vida con un psicoterapeuta llamado Derek. Todavía lo sigo viendo a día de hoy. Es una de las relaciones más largas y significativas que jamás he tenido. Ya han pasado más de veinte años.

Derek siempre decía: «No dejes que tu familia te defina».

Tras años de recibir mensajes de mi familia que transmitían lo dependiente, problemático e inestable que yo era, yo también había comenzado a creer en mi propia incompetencia.

Todos interiorizamos los mensajes, las historias, los valores y las reglas que aprendemos de nuestra familia. James Hollis, un psicoanalista norteamericano, lo expresó de manera muy acertada cuando habló de cómo interiorizamos las historias del mundo exterior. Dijo: «Soy como me tratan».

Detente un segundo. Vuelve a leerlo en voz alta.

«Soy como me tratan.»

Suelta el libro (solo por un segundo).

Ahora cierra los ojos y conecta con una experiencia en la que hayas interiorizado la forma en la que fuiste tratado, ya sea en la infancia o tu vida adulta. Quizás sea algo relacionado con tu identidad (raza, género, etnia, etc.). Siente algo sobre quién eres. Sobre tu contexto.

De acuerdo. Recupera el libro.

Comencé a planear mi huida de casa a la ciudad de Nueva York el mismo año que me sacaron del armario. Al ser una de las ciudades más *queer* del país, Nueva York fue una experiencia liberadora y empoderadora para mí. Es donde hallé un refugio del maltrato de mi familia. Nueva York simbolizaba libertad y seguridad.

Asistí a la Escuela Gallatin de Estudios Individualizados de la Universidad de Nueva York, lo que significó que pude crear mi propia carrera. Me cambió la vida. Combiné psicología, filosofía médica, antropología y sociología para aprender no solo sobre la clasificación psicológica de la experiencia humana, sino también sobre cómo la cultura moldea y define la manera en la que experimentamos la realidad en primera instancia. Esa ha sido una de las mayores influencias en mi práctica actual como psicoterapeuta. Lamentablemente, mientras las clases me volvían loco (tan loco como el fabuloso sexo con hombres que descubrí), a nivel emocional estaba teniendo muchas dificultades.

En mi familia nunca habían apoyado mi deseo de ir a la universidad —querían que siguiera trabajando en la empresa familiar— e hicieron todo lo posible para interponerse en mi educación. En un momento dado, dejaron de pagar la matrícula y se negaron a enviarme dinero para comer. También hubo un período de seis meses en los que no pagaron mi alquiler; y no porque me estuviera yendo mal en las clases (mi promedio era altísimo), ni porque no tuvieran el dinero (tenían de sobra), sino porque, al no haber asistido nunca a la universidad ni haber sido alentados a hacerlo por sus padres, no valoraban la educación y estaban resentidos por tener que pagar por la mía.

Pero salí adelante gracias a Derek. Durante todo ese tiempo, Derek fue quien me envió dinero para comer. Fue Derek quien me escribía todos los días y actuaba como sustituto de mi padre. Hubo personas a las que esto les pareció inapropiado, pero yo estaba acostumbrado a esos juicios.

Algo similar me había sucedido de adolescente: mis padres dejaron de pagar mi terapia cuando salí del armario porque mi padre culpaba a Derek de haberme «hecho gay». Durante la que creí que sería nuestra última sesión, Derek dijo: «¿Crees que dejaré de verte así como si nada?».

Lo recuerdo como si fuera ayer porque fue uno de los puntos de inflexión más importantes de mi vida. Pensé: «Sí, claro».

Pero Derek dijo que no, y continuamos durante décadas sin que yo le pagara.

Así que sí, Derek me salvó la vida. A lo largo de décadas de oscuridad, él me enseñó lo que significa ser resiliente. Ha sido la figura más importante de mi vida, la persona que me ha protegido del descenso en una espiral de psicosis que era casi una garantía en el seno de mi familia. Todos deberíamos tener un Derek en nuestra vida, alguien a quien recurrir en busca de empatía, apoyo incondicional y cariño. Si tienes suerte, esa persona será uno de tus padres o ambos. Pero para muchas personas, esa no es la realidad.[6]

Mis padres finalmente cedieron y volvieron a pagar la matrícula, pero fue gracias al apoyo emocional de Derek que pude finalizar mis estudios. Por desgracia, me gradué en 2008, durante la crisis financiera. Mi título universitario en construcción cultural de la psicología no me ayudó a conseguir empleo. Ya sin opciones, me mudé a Boca Ratón, en Florida, donde mis padres vivían desde hacía décadas.

Se suponía que Florida era solo una parada técnica: me mudaría allí por un tiempo mientras me postulaba a posgrados. Derek y yo pusimos en práctica una estrategia para armar un cronograma que tuviera en cuenta las fechas límite para la presentación de postulaciones y las fechas de inicio de los diferentes programas. Era la luz artificial al final del túnel, pero ambos sabíamos que era algo abocado al desastre. Irme de Nueva York para ir a vivir con mis padres fue, probablemente, lo peor que podría haber hecho para mi salud mental.

Mi padre era un narcisista absoluto y tuvo discapacidades físicas durante toda mi vida. El año en el que nací, perdió la visión, empezó a presentar una neuropatía periférica (entumecimiento de las manos y pies) y se descompensó tanto físicamente que no podía caminar. A lo largo de mi vida, necesitó un trasplante de

---

6. *The Eden Project: In Search of the Magical Other: Studies in Jungian Psychology by Jungian Analysis*, Inner City Books, Toronto, p.19.

riñón, sufrió dos ataques cardíacos y tres ictus, le tuvieron que colocar un marcapasos y un desfibrilador y le amputaron dedos del pie debido a la diabetes. Parecía biónico. Seguro que me olvido de alguna de sus dolencias, pero basta con decir que era una persona muy enferma y lo siguió siendo hasta el día de su muerte. Realmente llevaba una existencia terrible, y su estado de ánimo era igual de miserable y enfermizo que su cuerpo. Ninguno de nosotros tenía una relación estrecha con él, porque era violento con todos los miembros de su familia, tanto verbal como físicamente.

Así que volver a vivir bajo el mismo techo que mi padre era, como mínimo, aterrador.

En cuanto a mi madre, tenía y sigo teniendo una relación muy cercana con ella; es un caso de estudio en sí misma.

Mi madre se crio en la década de 1940. Como ya he mencionado aquí, creía que su propósito era casarse. Como la desalentaron de estudiar, pasó de vivir con una madre y un padrastro que la maltrataban a vivir con un esposo que hacía lo mismo, a organizar su vida en torno al servicio de él y sus hijos sin importar el coste, por más que ese coste fuera la violencia. Y la menospreciaban mucho. (Yo nunca habría sabido todo esto si no me hubiera sentado con ella para la entrevista que compartí contigo.)

Mi madre era la enfermera, cocinera y niñera de mi padre. Pasaba el día entero intentando complacer a ese hombre infeliz y lleno de ira, cocinándole platos que él decía disfrutar: *borscht*, *kreplech* (pasta rellena de carne), toda una variedad de ensaladas con mayonesa (de pollo, de atún, de hígado picado) y sándwiches de jamón con pan de molde. (Dado que mi padre tenía diabetes, esa era la peor comida que podría haber comido.) La verdad es que la comida era lo único que le quedaba. Sin embargo, nada parecía satisfacerlo, y ella seguía intentándolo; una analogía muy apropiada para sus cincuenta años de matrimonio.

Así que, desde luego, tenía miedo de ir a vivir con ellos a Florida, pero había agotado todas mis otras opciones. Vivir allí fue tan horrible como esperaba. Cuando no estaba atacando verbalmente a mi madre, mi padre se enfocaba en mí como su próximo blanco. No era ninguna sorpresa que empleara las mismas técnicas que había usado cuando yo era adolescente: fijar reglas arbitrarias sobre el uso del coche (no quería que usara su coche por si llegaba a necesitarlo; eso sí, ni siquiera tenía una licencia de conducir porque legalmente era ciego); cuestionar la cantidad de tiempo que pasaba en la ducha; cuestionarme (criticarme) por rasurar mi cuerpo; cuestionar (criticar) mi cuerpo en general; hacerme sentir culpable por vivir allí sin pagar un alquiler y no trabajar en la empresa familiar; y expresar su preocupación (críticas) de que yo estuviera comiendo demasiado, o demasiado poco, de que hablara muy despacio, o no hablara lo suficiente, o hablara en exceso. Pero, desde luego, yo ya estaba acostumbrado a ese tipo de trato por su parte. Para ese entonces, mi disociación y retraimiento eran un reflejo automático.

Sin embargo, de alguna manera, regresar a ese entorno de maltrato siendo un joven excitado de veintiún años no mató mi libido.

Deberías saber que el estrés y la ansiedad se vinculan de forma directa con todo lo sexual. En algunas personas, la libido aumenta en condiciones de estrés y ansiedad, y en otras, disminuye. Muchos descartan el papel del estrés (o de cualquier otra experiencia emocional, para el caso) en el funcionamiento sexual, pero en realidad son nuestras emociones y las hormonas que las acompañan las que regulan nuestra expresión sexual. El sexo es otra de las experiencias que todos necesitamos aprender a contextualizar. (No te preocupes, ya llegaremos a eso.)

Masturbarme era mi escapatoria. (Y aquí es donde entran en escena las personas a quienes les gusta juzgar el uso de la masturbación para el autoconsuelo y el placer.) Solo para que quede claro: la masturbación es una maravillosa estrategia de afrontamiento para el dolor emocional o físico. Hazlo tanto como quieras. Derek también es sexólogo, así que hablamos desde muy pronto de la importancia de la masturbación. Es una parte central de la salud sexual. Sin embargo, como muchas personas no viven una experiencia de empoderamiento desde jóvenes, tienen dificultades para acceder a este valiosísimo recurso interno.

Si bien la masturbación es fabulosa, lo que yo en realidad quería, deseaba, era el tacto de otra persona (y el pene de otra persona). No tenía amigos en Florida, así que imaginé que el sexo casual podía ser una buena forma de conocer a alguien. Entonces me metí en <adam4adam.com> (un sitio web para ligues, ya que las aplicaciones todavía no existían). Fue allí, en ese sitio web de sexo, que mi vida cambiaría por completo.

Fue allí donde conocí a Alex.

Cuando lo vi por primera vez, pensé: «Qué guapo». Pero estaba en piloto automático y buscaba sexo casual sin compromiso, algo de lo que en ese entonces disfrutaba. La expectativa era «divertirme» y tener orgasmos. En ese momento, mi mentalidad no estaba en el mismo sitio que hoy. No estaba visualizando un futuro repleto de niños y un hogar compartido.

Nos acostamos. La química fue una locura. Alex parecía saber exactamente lo que yo quería, y además quería lo mismo. En ese entonces, yo no estaba teniendo citas ni buscando el amor. Buscaba sexo, y acababa de encontrar muy buen sexo. Al final de esa primera noche, Alex me acompañó al coche y nos dimos un abrazo torpe (pero tierno) y nos despedimos con un beso. Lo recuerdo como si fuera ayer. Ambos reímos, sonreímos, nos miramos a los ojos y dijimos: «Qué beso más torpe». Ese momento de torpeza aparentemente insignificante y tonto fue el comienzo de algo enorme.

Sonreí y él se marchó.

Fue divertido. Fue sexy. Pero yo debía regresar a «casa» y volver a esconderme. Tenía que postularme a un posgrado. Tenía que huir. Era hora de volver a mis asuntos.

Bueno, no del todo. Nos enviábamos mensajes de texto. Tuvimos mucho más sexo. Tuvimos citas. Al poco tiempo, estaba conduciendo a su casa a toda velocidad por la autopista mientras escuchaba *So Emotional* de Whitney Houston. La escuchaba en bucle. (Lamentablemente, eso me arruinó la canción).

Me sentía vivo por primera vez en la vida.

No me había dado cuenta de con qué había tropezado. Tanto Alex como yo parecíamos estar enamorándonos el uno del otro.

Pero se suponía que Florida fuera solo una parada técnica, no mi destino final. Me habían aceptado en el posgrado de Columbia y de la Universidad de Miami. ¡Yupi! Pero ahora esas buenas noticias se habían convertido en un punto de inflexión en mi relación con Alex, como en el juego de mesa Life, en el que eliges entre dos caminos que te conducen a futuros completamente diferentes.

Decidí quedarme en Florida para que Alex y yo pudiéramos estar juntos. Y así, sin más, esa decisión cambiaría mi vida para siempre. Dos meses más tarde, Alex y yo nos mudamos juntos. Construimos una vida y una familia entre los dos. Era algo que nunca había experimentado de verdad, y era estupendo. Como ya he mencionado, ya había tenido otras relaciones, pero esta fue la primera vez que estaba integrando mi vida entera con la de otra persona, con la casa, el perro, las vacaciones por el mundo.

Cuando conocí al padre de Alex, me dio un abrazo y un beso enormes. Fue la primera vez que un padre se mostraba afectuoso conmigo. Alex y yo pasábamos las fiestas con su familia, y no se parecía en nada a lo que yo había experimentado con la mía. Sus padres y hermanos se decían «te quiero» entre ellos, se entregaban regalos, se abrazaban, intercambiaban tarjetas y celebraban juntos, como si hubieran salido del canal de televisión Hallmark. Era alucinante. Recuerdo la primera vez que fui a una de sus celebraciones y me dieron un montón de regalos maravillosos: la colonia que quería, los pantalones cortos para correr que le había señalado a Alex, una carta afectuosa. Me sentí incómodo porque era muy ajeno y desconocido para mí, pero aun así me encantó.

Lo suficientemente buena

En pocas palabras, me conformé. No con poca cosa, sino con una relación que era lo suficientemente buena.

El concepto de relación «lo suficientemente buena» fue introducido por primera vez en las teorías analíticas por el psicoanalista británico Donald Winnicott. Introdujo la idea del «padre/madre lo suficientemente bueno», que sugiere que un padre o una madre no necesitan ser perfectos para satisfacer las necesidades del desarrollo de su hijo. Desde entonces, este concepto se ha expandido para abarcar las relaciones románticas adultas y es un tema frecuente en la terapia de pareja. Resalta la importancia de aceptar que no se necesita una pareja perfecta o ideal para tener una relación satisfactoria.

Cada vez que defiendo en redes sociales la idea de aceptar una relación que sea «lo suficientemente buena», me encuentro con una gran oposición. Las personas dan por hecho que lo que quiero decir es que deberían conformarse con cualquier cosa, que deberían ignorar los conflictos, incluso cuando no están para nada satisfechas. ¡Eso no es en absoluto lo que quiero decir!

Lo que quiero decir es que una pareja y una relación sin ningún tipo de fallo es una noción a la vez poco realista y poco práctica. En lugar de eso, debes buscar a alguien y algo que sea «lo suficientemente bueno». No esperes que tu pareja sea una máquina de validar y reconoce que los problemas y las decepciones son inevitables en cualquier relación. Lo que de verdad importa es que la relación sea en su mayoría satisfactoria.

Por fortuna, pude conseguirlo con Alex. No me obsesioné con la posibilidad de encontrar a alguien mejor. No me obsesioné ni me desesperé por estar seguro de querer pasar el resto de mi vida con Alex.[7]

Ahora envidio esa decisión. Ese yo de veintiún años era muy valiente. Pero no era así porque estuviera en una situación particularmente sana ni meditando todos los días. Era así porque no estaba preocupado por el matrimonio ni los hijos —«el futuro»— del mismo modo que las personas heterosexuales de mi grupo de edad. Nunca nadie me presionaba para que me casara; en ese

7. Winnicott, D. W. (1991), *Playing and Reality*, Routledge, Londres, p.10.

momento, el matrimonio no era legal para los gais. Además, era relativamente joven y no me preocupaba en lo más mínimo la idea de tachar hitos de una lista, algo que ahora, con treinta y pico, parece muy apremiante. Seguro que mi experiencia habría sido muy diferente si yo hubiera sido heterosexual, si hubiera tenido una educación religiosa o si me hubieran enseñado de joven que debía casarme antes de los veinte años (como le sucedió a mi madre). Así es como nuestra cultura, nuestro momento en la historia y nuestra geografía impacta en la manera en que experimentamos nuestras relaciones.

Esta falta de angustia me permitió estar del todo presente con Alex.

Hoy en día me cuesta estar presente, incluso cuando estoy de vacaciones. Siempre hay algo en lo que pensar, de lo que sentir nostalgia o con lo que obsesionarse por querer cambiar. Pero con Alex no era así. Él me ayudaba a estar presente y a deleitarme de los momentos que compartíamos. La hipervigilancia relacional a la que me había acostumbrado se esfumaba cuando estaba con él.

¿Se debía a que él era «la persona indicada»? No. No creo en eso.

¿Se debía a que yo era joven e inmaduro? Quizás. Pero no importaba, porque me sentía satisfecho y feliz. Estaba tranquilo y contento. Además, gozaba de un sexo alucinante todos los días, lo cual, sin ninguna duda, ayudó al proceso de conformarme.

Rompe las reglas

O al menos no dejes que te limiten. Mis clientes y seguidores en redes sociales me preguntan a menudo sobre las líneas temporales de las relaciones, las diferencias de edad y la monogamia frente a la no monogamia. Estas preguntas revelan con frecuencia una tensión entre sus deseos personales y las expectativas sociales que han interiorizado. Pero recuerda: tu vida y tu relación te pertenecen a ti, no a tus amigos ni a los *influencers* de las redes sociales. Están ahí para que tú las moldees y disfrutes.

Reconocer lo que queremos es un hito importante. La dificultad suele estar en traducir este deseo en acción. Es por eso que, tanto tú como yo, quizás recurramos a las reglas de nuestra sociedad para evaluar si nuestros deseos son aceptables, normales o saludables.

Te animo encarecidamente a que reconsideres esta estrategia. No dejes que los valores de los demás o de la sociedad dicten tus decisiones. Si tienes ganas de mudarte con tu pareja de inmediato, ¡hazlo! Si quieres sexo ahora mismo, ¡ve a buscarlo! Si preferirías esperar a todo ello, está muy bien. Si quieres tomarte un descanso de las citas en general, ¡adelante!

Yo rompí todas las reglas. Para alguien que viera la relación desde fuera, Alex y yo lo hicimos todo mal. Nos conocimos en un sitio de sexo casual sin ninguna intención de salir. No hablamos del futuro ni comparamos nuestras fantasías futuras para ver si eran compatibles. Simplemente, nos concentramos en estar presentes y tener sexo.

Como el sexo era (muy) bueno, seguimos teniéndolo. Y al hacerlo, descubrimos que nuestros sentimientos estaban evolucionando. Me enamoré profundamente de Alex y nos mudamos juntos cuatro meses después de nuestro primer encuentro sexual. El sexo siguió siendo un elemento de nuestro amor con el que conectábamos de maravilla, pero eso no disminuyó nuestra conexión emocional, sino que, al contrario, la intensificó. Si hubiera seguido las reglas dominantes de nuestra cultura, que dicen que el sexo no es una buena base para un vínculo duradero, jamás habría conocido a mi primer amor.

Lamentablemente, el sexo es objeto de una profunda estigmatización e incomprensión en nuestra cultura. En los consejos sobre citas amorosas se sugiere principalmente que el sexo es solo lujuria. Separamos al sexo del amor y lo posicionamos como una entidad distinta, a veces incluso como una fuerza opuesta al amor. Se nos incita a no dejarnos confundir por la lujuria; escuchamos que el sexo no es amor; que las personas deberían esperar para tener sexo para evitar confundir ambos conceptos.

La realidad es que el sexo puede ser realmente una expresión de amor, una manifestación física del vínculo emocional y la intimidad. Cuando se comparte entre dos adultos que dan su consentimiento en un espacio seguro, respetuoso y afectuoso, el sexo puede amplificar los sentimientos de amor y profundizar la conexión entre las partes de la pareja.

El sexo es un lenguaje del amor que transmite sentimientos que quizás las palabras no logran captar. En este sentido, no es solo un acto físico, sino una experiencia profundamente emocional y psicológica que puede contribuir a una relación amorosa.

Si alguna vez te has sentido superado a la hora de expresarte de forma sexual, no estás solo. Exploremos ese tema juntos.

4. La verdadera historia del sexo

> El sexo comienza en la cabeza y viaja hacia abajo. [8]
>
> Michael Bader

Cuando hablo de sexo con mis clientes, muchas veces se incomodan visiblemente, se ruborizan, se callan o se retuercen en el asiento. Esta reacción, que ha sido una constante en mis sesiones, indica que vamos por el buen camino. Esa incomodidad es el primer paso para conseguir sentirnos cómodos y empoderados con la propia sexualidad.

Todo comienza por reconocer la historia colectiva y represiva que todos compartimos, nuestros miedos generales, nuestras ansiedades y la vergüenza que define a la sexualidad. Si bien muchos de nosotros hemos adquirido más conocimiento sobre el tema, hay mucha otra gente que continúa lidiando con actitudes negativas hacia el sexo y con los valores que hemos interiorizado al crecer. A pesar de que ha aumentado el nivel de actitud positiva hacia el sexo, todavía nos vemos agobiados por un aluvión de mensajes contradictorios:

- No tengas sexo en la primera cita. Sé paciente.
- No esperes para tener sexo.
- Hazlo de inmediato. Descubre si tenéis química.
- El sexo es importante.

---

8. Bader, Michael (2002), *Arousal: The Secret Logic of Sexual Fantasies*, St. Martin's Press, Nueva York.

- El sexo no importa, es solo sexo. Es pura lujuria.
- Un exceso de sexo podría significar que tienes una adicción.
- Una falta de sexo significa que no estás sexualmente liberado.

Nos juzgan si lo hacemos. Y nos juzgan si no lo hacemos. Estos mensajes contradictorios no hacen más que generar aún más confusión y más vergüenza, e intensifican todavía más la represión.

No es ninguna sorpresa que todo el mundo tenga problemas con el sexo, y te aseguro que los tienen. Yo los tengo, tú los tienes y todo el mundo que conoces los tiene. Estos problemas pueden afectarnos de maneras diferentes y en distinto grado, pero explorar la sexualidad dentro de los límites de nuestra cultura no es fácil para nadie.

Estamos a punto de explorarlo todo sobre la sexualidad. Como quizás ya hayas adivinado, no nos concentraremos en los aspectos físicos, como los genitales y los orgasmos. En lugar de eso, nos enfocaremos en los contextos culturales en los que se desarrolla nuestra sexualidad.

A medida que leas este capítulo, quiero que suspendas todas las ideas preconcebidas que tengas sobre el sexo. Haz a un lado todos los artículos, las anécdotas, las publicaciones de Instagram y cualquier otra información que hayas recibido sobre el tema. (No, no puedes animar el acto simplemente cambiando de postura. No, es evidente que no necesitas una eyaculación femenina a lo bestia, ni litros de semen, ni que hagas el pino para tener una experiencia sexual divertida y placentera.) Puedes olvidarte de todo eso. De todos modos, nunca lo has necesitado.

En lugar de eso, quiero que pienses en el sexo en términos de experiencias que estimulan y excitan tu mente y tu cuerpo. Se trata de tus deseos. Tú defines tu sexualidad. Es tu cuerpo y nadie más debería dictar qué es lo que te genera placer. Así es como te conviertes en alguien seguro de su sexualidad, y eso es lo que espero ayudarte a conseguir.

Sexo real

La historia real del sexo involucra todo un abanico de intrincadas dinámicas relacionales y factores emocionales, psicológicos y políticos que dan forma a nuestra sexualidad. Hay muchas personas para quienes la narrativa de su propia sexualidad permanece envuelta en un halo de misterio, a menudo descuidada, ignorada y despriorizada.

Esto me recuerda el caso de Jane, una mujer cisgénero y lesbiana de treinta y nueve años que empezó terapia para tratar sus problemas en torno a su sexualidad. Sin embargo, cada vez que le hacía una pregunta, su cara adoptaba el color de una fresa madura y sus mejillas se volvían de un rojo intenso. El malestar de Jane se manifestaba de manera visible en su aspecto físico. Le pregunté sobre esa incomodidad.

—Nunca nadie me ha hecho preguntas tan personales sobre mi sexualidad.

—¿Nunca te han preguntado sobre tu sexualidad o tu placer?

—No.

—Lamento oírlo, pero no me sorprende. ¡Tu sexo y tu placer son importantes!

Durante el siguiente año de terapia, exploré con Jane los rincones y recovecos de su sexualidad y de su vida erótica.

Si bien es muy común, no deja de asombrarme cada vez que ocurre: ¿treinta y nueve años enteros sin que nadie le haya hecho preguntas en profundidad sobre su sexualidad? Aunque pensándolo bien, nuestros padres definitivamente no nos hacen preguntas sobre sexo y somos pocos los que hemos tenido conversaciones sobre sexualidad, placer u orgasmos en los entornos sanitarios en los que hemos estado.

Los médicos no suelen recibir formación en torno a cómo abordar la sexualidad y, como resultado, las conversaciones sobre la salud sexual están ausentes en gran parte de la atención sanitaria de salud. A los médicos no se les enseña que hagan preguntas más allá de las relacionadas con las infecciones de transmisión sexual, las conductas sexuales, la cantidad de parejas (pregunta que no deberían estar haciendo porque es irrelevante y se basa en valores culturales negativos hacia el sexo) y el uso de anticonceptivos. Las preguntas sobre el placer, la masturbación y la positividad corporal suelen ser inexistentes.

Los psicoterapeutas (cualquiera que sea su especialización) tampoco suelen recibir esa clase de formación y, en consecuencia, no suelen abordar la sexualidad en sus sesiones. La mayoría tiene una educación mínima en el tema y solo asiste a una clase dedicada a la sexualidad en su conjunto (temas LGBTQ+, penetración, fertilidad). Es una locura que haya psicoterapeutas que trabajan con parejas para mejorar la satisfacción de la relación y que no hayan aprendido demasiado sobre una de las partes más importantes para la satisfacción de una relación: el sexo. Como resultado, casi todos mis clientes entran en mi consulta (hoy en día, una pantalla de ordenador) sin que nunca les hayan preguntado sobre sexo.

Desde cuentas de Instagram sobre educación sexual hasta nuevas empresas de juguetes sexuales, hoy en día hay más información y apertura sobre el sexo que nunca antes. Sin embargo, muchas de las personas que se enfrentan a desafíos en su vida sexual siguen sintiendo vergüenza por lo que en realidad son experiencias normales. Así que empecemos a hablar de ello.

Por lo general, inicio la conversación con mis clientes preguntándoles sobre la última vez que tuvieron sexo o sobre su primera experiencia sexual. Una pregunta que suelo hacer es: «¿Te gusta y te sienta bien el orgasmo?». Durante mucho tiempo di por hecho que los orgasmos eran placenteros para todo el mundo. Pero en realidad no todos los orgasmos son iguales. A veces no se sienten tan bien ni provocan una gran euforia como solemos suponer. Esto puede deberse a toda una variedad de motivos, desde cambios hormonales y medicamentos hasta estrés, desconexión emocional y trauma.

Otra pregunta sobra la que es interesante reflexionar es: «¿Dónde te masturbas?». Uno de mis clientes, Matt, un hombre cisgénero y gay, de cuarenta y dos años, de Turquía, reveló que solo se masturbaba en el baño. Se apuraba para tener un orgasmo y luego actuaba como si nunca hubiera sucedido.

—¿Cuándo comenzaste a masturbarte? —pregunté.

Desde la infancia, Matt ocultaba la masturbación a sus padres por temor a que lo descubrieran. Le avergonzaba el mero hecho de masturbarse, así que aceleraba el proceso. El baño, un espacio para ocultarse, se convirtió en el único sitio en el que podía expresar su sexualidad con libertad.

Desde luego, si un lugar en particular te resulta reconfortante, depende de ti decidir si es necesario un cambio. Sin embargo, a menudo aliento a mis clientes a conectar con las motivaciones iniciales que hicieron que sintieran que debían esconderse, incluso de sí mismos, cuando se masturbaban. Y luego los presiono para que salgan del baño.

Eso fue exactamente lo que hice con Matt y con otros clientes (alrededor de la mitad de mi clientela) que relegaban la masturbación a un espacio particular y a una ventana de tiempo apresurada. Les di deberes para casa: mastúrbate en tu cama o el sillón, con cojines cómodos a tu alrededor. Pon algo de música, enciende velas o haz lo que quieras para transformar el entorno en un espacio cálido y acogedor. Elige un sitio y personalízalo. Además, les recomendé tomarse el tiempo que hiciera falta. Disfrutar del proceso. Prestar atención al aumento del placer. Recordar que llegar al orgasmo no es el único objetivo.

(Esto es algo que tú también deberías hacer.)

La semana siguiente, Matt regresó a la sesión, orgulloso de haber cumplido con su tarea. ¡Lo había disfrutado!

—Muuuucho mejor que el baño —dijo—. Ni siquiera me había dado cuenta de lo que estaba haciendo. Era todo muy rutinario. Pero así es mucho mejor.

Matt ya no se masturba en el baño.

Esto lo veo en más del cincuenta por ciento de mis casos. Ya sea que se avergüencen de su cuerpo o de su sexualidad, muchas personas se masturban en áreas privadas y con prisa, sin siquiera darse cuenta de que existen espacios más cómodos. Esto hace que la masturbación pase de ser una tarea más dentro de una lista de quehaceres a una evasión reconfortante, repleta de relajación y placer.

La (mala) educación sexual

Nuestras primeras experiencias con la educación sexual —o la falta de ella— puede moldear para el resto de nuestra vida lo que entendemos por normal o saludable en el sexo y las relaciones. Estas experiencias crean el modelo de cómo abordamos y entendemos nuestro cuerpo, nuestra autoestima y nuestra seguridad, tanto a nivel sexual como no sexual. Cuando alguien recibe una educación completa, correcta y positiva respecto al sexo, es más probable que tenga una actitud más sana y positiva hacia el sexo y la autoestima corporal.

Sin embargo, cuando la única exposición al sexo que tiene alguien es a través de la pornografía o de películas que enseñan ejemplos poco realistas de cuerpos y de sexualidad (es decir, la mayor parte de nuestra población), lo más probable es que desarrollen expectativas poco realistas sobre prácticamente todo, desde la imagen personal hasta el placer y el orgasmo. Esto a menudo conduce a ansiedad por el rendimiento, vergüenza, miedo al sexo, imagen corporal negativa y, a veces, incluso la abstinencia sexual.

Es un delirio absoluto: esperamos que tanto nosotros como nuestras parejas nos satisfagan sexualmente, pero aprendemos poco (o nada) sobre sexo en la juventud como para lograr que eso ocurra. Es como intentar hornear sin tener una receta.

Nos dicen qué es lo que debemos desear. Nos dicen a quién debemos desear. Nos dicen cuánto es inapropiado. Nos dicen cómo debería funcionar nuestro cuerpo. Pero nunca nos dicen que el sexo es para divertirse, disfrutar y conectar, más allá de la estética y el rendimiento.

Una vez más, son muchas reglas.

La cultura, los sistemas sociales, las leyes y la política desempeñan un papel muy importante en la manera en la que entendemos y concebimos el sexo. El sexo no es solo un acto biológico, sino también un proceso histórico y cultural moldeado por la sociedad en la que vivimos. Dentro de este proceso cultural, todo el mundo tendrá una experiencia diferente del sexo, según lo seguros, cómodos y desinhibidos que se sientan. Esta sensación de seguridad se ve afectada en gran medida por el género, la raza y la etnia.

En su libro *Taking Sexy Back*, Alexandra Solomon escribe: «Cuanto más marginada esté tu identidad, más probable es que estés en guerra con tu cuerpo». Esto pone de relieve que a los grupos marginados les puede costar más sentirse cómodos y seguros en su propio cuerpo. Tu nivel de comodidad con la sexualidad se verá impactado, e incluso definido, por haberte criado en una cultura que cosifica a las personas según el color de su piel o el género, que criminaliza ciertas orientaciones sexuales, que limita el derecho a amar o que niega el acceso a recursos que promueven la seguridad y la salud sexual.[9]

Los valores y las actitudes sexuales han cambiado con el paso del tiempo y continúan evolucionando. En el pasado, el sexo premarital se veía como algo vergonzoso e incluso punible; ahora es lo normal. Históricamente, había un énfasis en la necesidad de mantener intacto el himen de la mujer, lo que condujo a la estigmatización de individuos, sobre todo mujeres, que hubieran «perdido» la virginidad. A menudo se las veía como indeseables o menos valiosas. Hoy entendemos que la virginidad es un constructo social y hemos virado la conversación para enfocarnos más en la elección, el consentimiento y la autonomía.

La masturbación, en el pasado mal vista y desalentada, sobre todo en el caso de las mujeres, se entiende ahora como un componente necesario de la salud sexual. Durante la era victoriana se

9. Este sentimiento refleja ideas expresadas por varios sociólogos, antropólogos y teóricos del género a lo largo de los años, pero no hay una fuente específica. Véase Donaghue, Chris (2015), *Sex Outside the Lines*, BenBella Books, Dallas.

consideraba que una mujer que expresaba deseo sexual sufría alguna afección médica y recibía el diagnóstico de «histeria». Y el tratamiento... el tratamiento era un «masaje» que conducía al orgasmo.

Los valores en torno al género y la identidad sexual también han atravesado cambios. Hemos superado los conceptos binarios de masculino y femenino para ampliar el espectro e incluir toda otra variedad de identidades de género. La homosexualidad, que en algún momento se creía un trastorno mental (literalmente, una enfermedad con diagnóstico y cura), se acepta hoy como una parte normal de la sexualidad humana. La sodomía (sexo anal) solía ser ilegal. Ahora... bueno, digamos que no lo es. [10]

A pesar de estos avances, se sigue estigmatizando el sexo, un tema tabú. La educadora y artista Betty Dodson, también conocida como la pionera sexual original de las décadas de 1960 y 1970, escribe: «Las personas a las que les encanta el sexo y lo exploran no difieren de los sibaritas de la comida, los científicos en activo u otras personas que consagran su tiempo a algún interés en particular. Cuando yo era una artista que se pasaba horas y horas pintando, la gente me admiraba y premiaba. Una vez que me interesé en dedicar mi tiempo al sexo, me etiquetaron de "ninfómana" o, más recientemente, de "adicta al sexo"».

Si bien nadie me ha llamado «ninfómano» o adicto al sexo (al menos que yo sepa), a menudo me siento cosificado por quienes suponen que soy una máquina sexual debido a mi trabajo. Es gracioso, porque mi interés inicial por la terapia sexual se vio motivado en gran parte por mis propias dificultades con la sexualidad. Vale la pena señalar que es probable que la falta de estigmatización que he sufrido como sexólogo se deba a mi identidad como hombre cisgénero gay. Al ser a la vez gay y hombre

---

10. Solomon, Alexandra (2020), *Taking Sexy Back: How to Own Your Sexuality and Create the Relationships You Want*, New Harbinger Publications, Oakland, CA., p.105.

cisgénero, la gente espera que sea hipersexual, mientras que, por el contrario, las mujeres cisgénero son vistas prácticamente como seres no sexuales.

¿Por qué te has convertido en sexólogo?

Me han preguntado: «¿Qué es lo más alocado o pervertido que has escuchado?». «¿Algún cliente ha querido alguna vez tener sexo contigo?». Una vez, me preguntaron incluso si tenía sexo con mis clientes. ¡Y me pasó durante una primera cita! De más está decir que nunca tuvimos una segunda...

No, no escucho cosas «alocadas». La gente imagina que cuando eres sexólogo, te pasas el rato escuchando cosas sobre penes, clítoris y fiestas BDSM en calabozos, pero en la mayoría de los casos me hablan de ansiedad y desinformación. Esa no es la respuesta sexy que la mayoría de la gente busca. Si bien la terapia sexual sin duda implica discusiones detalladas sobre el sexo, el núcleo del trabajo durante las sesiones consiste en discutir los procesos relacionales y psicológicos de cómo una persona expresa y experimenta la sexualidad.

Entonces, ¿por qué me convertí en sexólogo? ¿La versión corta? He tenido muchos problemas sexuales (como la mayoría de las personas), los he trabajado y más o menos los he resuelto. ¿La versión larga? Solía —a veces todavía me sucede— tener dificultades para excitarme y llegar al orgasmo con parejas nuevas. Mi mente está presente (estoy súper concentrado), pero mi cuerpo simplemente dice «olvídalo». O, para ser más preciso, «lo siento; no me siento seguro». Esto lo aprendí temprano con Derek.

Derek es sexólogo. Fue una gran influencia en mi decisión de especializarme en terapia sexual. Me contaba historias sobre su trabajo y compartía sus ideas sobre la cultura y el sexo. Como empecé a acudir a su consulta de adolescente, creí que ese tipo de conversaciones eran normales en terapia. Derek me hacía preguntas sobre cada minúsculo detalle de mi experiencia sexual, desde la excitación y la masturbación hasta el sexo con una pareja y el erotismo. Sus preguntas me ayudaron a entender que el sexo no era una actuación, ni algo tabú o vergonzoso, sino una experiencia placentera cuyo objetivo específico era que lo disfrutara.

El sexo no es una actuación

Es habitual oír a un amigo compartir algo sobre una reunión estresante del trabajo, pero la mayoría de nuestros amigos no van contando por ahí cómo es posible que no empalmaran la noche anterior. Cuando las personas atraviesan desafíos sexuales, tienden a sentirse rotas o avergonzadas y, en respuesta a esto, quizás se abstengan del sexo. Todos crecimos aprendiendo que nuestro cuerpo debería funcionar de una manera específica. Pero ¡eso es falso!

Pensar en el sexo en términos de «funcional» o «disfuncional» es poco útil y dañino. Esas etiquetas implican que hay una manera «normal», o «correcta», de experimentar el sexo y que las desviaciones de la norma son inaceptables. Esto crea un sentimiento de vergüenza o ineptitud en quienes no están a la altura de estas expectativas, que es la mayoría de la gente.

La idea del sexo funcional frente al disfuncional se centra en la penetración. En términos históricos, el sexo se definía por la penetración porque solo se consideraba que tenía el fin de procrear. Otras formas de expresión sexual, como la masturbación y el sexo oral u anal, se veían como perversiones o anormalidades. [11]

Lo sé, es ridículo, pero cierto.

Si bien nuestra percepción colectiva del sexo ha evolucionado, aún persiste el foco en la penetración. Si te planteas la pregunta: «¿Cuándo fue la última vez que tuviste sexo?», lo más

---

11. Dodson, Betty (1996), *Sex for One: The Joy of Selfloving*, Three Rivers Press, Nueva York, p.56.

probable es que hayas pensado en la última vez que hubo una penetración de por medio. Eso es porque, por defecto, la idea que tenemos del sexo está estrechamente vinculada a la penetración. Para muchos, ambos conceptos son sinónimos. Este punto de vista está profundamente arraigado en la historia de la sexualidad humana.

En resumen, tu sexualidad sigue organizándose en torno a un modelo de sexo anticuado. Es algo que está simplemente arraigado en el inconsciente sexual de nuestra cultura.

Yo no estoy en contra de la penetración ni de los orgasmos. Estoy a favor de la diversidad, tanto en la expresión como la experiencia sexual. Al fin y al cabo, cuando la penetración es la única meta, muchas personas quedan excluidas.

El sexo es una experiencia subjetiva y debería definirse por las preferencias de los individuos. La verdadera meta del sexo es experimentar placer y diversión. ¿Y qué es placentero y divertido? El erotismo. La conexión sexual, la química y los orgasmos nacen de compartir el erotismo, no de actos o posiciones sexuales específicas. Pero no confundas el erotismo con filias o fetiches. El erotismo puede ser solo besarse. O puede ser también morder, hablar sucio o explorar una dinámica de poder.

Lamentablemente, hay muchas personas que no saben qué las excita o qué les desagrada porque no les han dado permiso para explorar su sexualidad con total libertad. ¿El resultado? Ansiedad. Cuando nos expresamos a nivel sexual, existe una enorme cantidad de ansiedad que se manifiesta en nuestro cuerpo.

La ansiedad de rendimiento es algo que afecta a todo el mundo, sin importar la edad, el género, la raza, la etnia, ni cualquier otro factor demográfico. Lo interesante es que no registramos nuestra ansiedad de rendimiento a nivel consciente sino hasta que el sexo ya ha comenzado, si es que la registramos. Pero el cuerpo siempre te está hablando, sobre todo durante el sexo, y es importante que lo escuches.

Cómo funciona la ansiedad de rendimiento

Nuestro cuerpo lleva a cabo una serie de complejas tareas que ocurren a nivel de nuestro subconsciente. El sexo no es diferente. Durante cualquier clase de actividad sexual, ya sea en pareja o a solas, nuestro cuerpo prepara todo les festín para generar las respuestas sexuales de excitación, placer y orgasmo. Esto implica la liberación de hormonas y neurotransmisores como la serotonina, la noradrenalina, la adrenalina, la dopamina, la oxitocina y la prolactina. Sin esos químicos, nuestra respuesta sexual disminuiría o dejaría de existir por completo. Eso, a su vez, conduciría a una disminución de la excitación, el placer y, sin duda, el orgasmo.

Si algo no se siente del todo bien, el cuerpo frenará la liberación de estas importantes hormonas sexuales, ya sea inconsciente o conscientemente. ¿Por qué? Porque nuestro cuerpo prioriza las amenazas por encima del placer. Pero la amenaza no tiene por qué implicar ningún tipo de peligro físico. Podría ser cualquier cosa, desde la percepción de un rechazo a la anticipación de algún dolor corporal. Así que, si en mitad del sexo piensas, aunque solo sea durante un milisegundo: «Oh, no, ¿y si no le gusta lo que estoy haciendo?», o «uh, esto puede llegar a doler o ser incómodo», entonces tu cuerpo comenzará a hacer sonar la alarma poco a poco. No olvides que esto incluye también toda una serie de influencias inconscientes sobre tu nivel de seguridad y confianza emocionales. No es necesario que estés pensando en un miedo para tener miedo. Cuando esto ocurre, tu cuerpo libera adrenalina y cortisol, las hormonas de estrés, que producen niveles más elevados de ansiedad. (¡Adiós excitación!). Y en ese momento, el placer empieza a desaparecer. Así es como lo psicológico puede tener un impacto en lo biológico, y lo biológico a su vez puede afectar a lo psicológico, tanto consciente como inconscientemente.

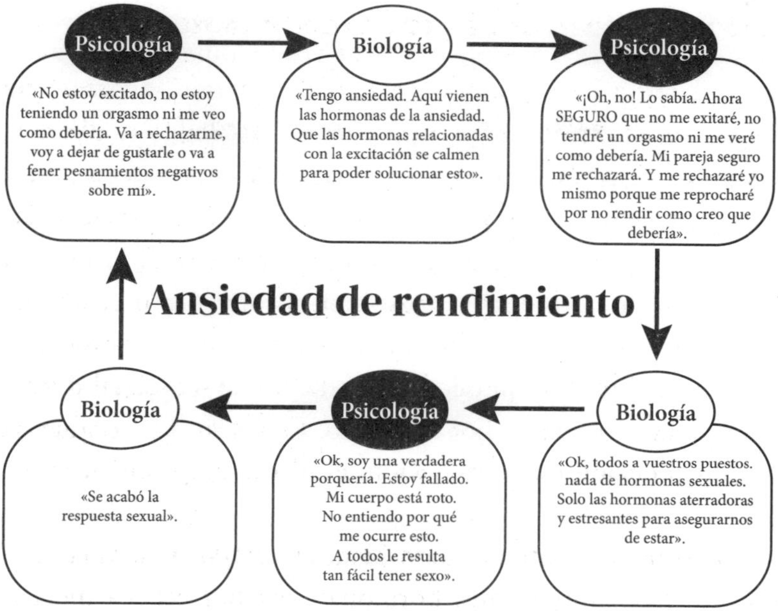

En cuestión de sexo, todos operamos bajo un modelo basado en el rendimiento porque así es como entendemos el sexo en la cultura a la que pertenecemos. Este es el modelo dominante cuando aprendemos sobre el tema y, a menos que decidamos usar otro de manera consciente, este seguirá siendo nuestro modelo. Si decides aprender una nueva manera de experimentar tu sexualidad (lo estás haciendo en este instante), debes saber que hará falta práctica. Porque el sexo es una habilidad. A veces hacen falta muchos años de práctica para perfeccionar tus destrezas sexuales y generar un cambio. Yo lo llevo haciendo durante décadas y todavía me enfrento a desafíos.

¿Por qué? Porque el sexo es psicológico. ¿Alguna vez has sentido excitación física, pero tu placer estaba como apagado o no te sentías con demasiado interés? Eso es porque no estabas psicológicamente excitado. La excitación psicológica se ve muy impactada por las dinámicas emocionales y relacionales.

Tu experiencia con la excitación psicológica depende de tu historia sexual y no sexual. Existe un modelo muy útil para esto: el Modelo de Control Dual de la respuesta sexual, identificado por los doctores John Bancroft y Erick Janssen a finales de la década de 1990. Este modelo nos ofrece una metáfora automovilística que se descompone en dos sistemas diferentes: el acelerador (la gasolina) y los frenos. El acelerador sexual y los frenos sexuales son dos componentes independientes que trabajan en conjunto para controlar la excitación sexual. El acelerador conduce a sentimientos de excitación, en el sentido de «esto me excita mucho». Al mismo tiempo, el sistema de frenos puede dispararse por cualquier cosa, desde una distracción a algo que nos desagrade. Estos sistemas se manifiestan de maneras peculiares. Alguien podría tener un sistema de aceleración muy potente, lo que conduciría a niveles de deseo sexual muy altos, mientras que otra persona podría tener un sistema de frenos muy sensible. Y quizás haya alguien que tenga ambas cosas.

El libro *Tal como eres* de Emily Nagoski arroja algo de luz sobre el tema del deseo y su contexto (sí, ahí está una vez más esa palabra). Como señala Nagoski, «el problema no es el deseo en sí mismo, sino el contexto». Primero debemos ser conscientes de nuestro acelerador y nuestros frenos para luego hacer el esfuerzo de activar el acelerador y reducir los factores que accionan los frenos. Piensa en la dinámica relacional con tu pareja: la seguridad que sientes, o cómo te sientes con tu cuerpo. Incluso la temperatura de la habitación o el aroma de algo que no tiene nada que ver con el sexo podrían tener un impacto en tus frenos psicológicos.[12]

Mi sistema de frenos es muy sensible, e incluso las más nimias distracciones hacen que pierda el interés. Si alguien dice la palabra equivocada o hace algún ruido gracioso, de inmediato dejo de estar excitado. ¿Y los aromas? ¡Olvídalo! Los olores son a lo que más reacciono. Sin embargo, esta sensibilidad se redujo

---

12. Janssen, E. y Bancroft, J., «The Dual Control Model: The Role of Sexual Inhibition and Excitation in Sexual Arousal and Behavior», en Janssen, E. (ed.) (2007), *The Psychophysiology of Sex*, Indiana University Press, Bloomington, pp.197-222.

hasta casi desaparecer por completo una vez que inicié mi relación con Alex. [13]

Alex y yo teníamos una conexión sexual fantástica y nuestra química era muy emocionante. Fue en esta relación donde me sentí libre de explorar mis filias y mi erotismo de maneras en las que nunca antes lo había hecho. Fue allí donde aprendí lo cómodo que me podía sentir desnudo con todos mis ruidos (flatulencias) y mi cuerpo imperfecto. Me sentía atendido tanto sexual como emocionalmente, y esto segundo era lo más importante. Fue en esa comodidad que la ansiedad y la depresión que había tenido toda la vida se disiparon. La seguridad que sentía en mi relación me lo permitió.

Cuando la relación llegó a su fin, supuse que seguiría sintiéndome sexualmente liberado. Pero ocurrió lo contrario. Tenía el trasero demasiado apretado (literalmente, por el miedo). Tuve una regresión en mi sexualidad. No había estado con nadie más durante diez años, más allá de los tríos ocasionales que Alex y yo habíamos tenido. Tener sexo con desconocidos me resultaba difícil. Quería estar presente (quiero decir, de verdad), pero mi cuerpo no cooperaba. Había una diferencia enorme entre cómo me expresaba sexualmente en el contexto de mi relación a largo plazo y cómo me expresaba en los contextos desconocidos de las relaciones a corto plazo o con las parejas sexuales casuales. A Alex lo conocía, así que me sentía cómodo y seguro expresándome ante él. Sin embargo, con una pareja sexual casual, sabía poco y nada de qué pensaba de mí o de cuánto tiempo se quedaría. A nivel consciente, me sentía seguro, pero inconscientemente mi cuerpo decía otra cosa. A menudo terminaba retrayéndome.

En teoría, el sexo casual es sexy, pero mis experiencias en ese momento tuvieron resultados variados. Hay una presión enorme, sobre todo para un hombre cisgénero y gay, de salir a buscar y disfrutar de sexo casual como si fuera un nutriente necesario. Como

---

13. Emily (2021), *Come as You Are: The Surprising New Science that Will Transform Your Sex Life*, Simon and Schuster, Nueva York, p.245.

sexólogo, valoraba mucho el sexo y quería tenerlo, pero también me conocía a mí mismo. Había momentos en los que parecía un gran riesgo, sobre todo cuando la otra opción era simplemente ir a casa y masturbarme. Y en otras ocasiones, deseaba el contacto con otra persona y volvía a intentarlo.

La ansiedad puede actuar como una fuerza invisible que guía nuestras interacciones sexuales, tanto si lo sabemos de manera consciente como si no. Nuestros comportamientos y nuestras acciones revelan las ansiedades que se ocultan en nuestro interior. Cuando priorizamos el placer de nuestra pareja por encima del propio durante un encuentro sexual y nos retraemos, este suele ser un indicador de ansiedad, e incluso una expresión inconsciente de vergüenza o desconexión sexual.

Quiero que dejes de practicar sexo de la manera en la que crees que tu pareja quiere tener sexo y que empieces a hacerlo de la manera en la que tú quieres tener sexo. Es tu cuerpo. Es tu sexualidad. Si quieres sentir excitación y placer, primero debes conectar y servir a tu cuerpo, no al de otra persona. Concentrarte en tu propio placer no significa que el placer de tu pareja no importe. De hecho, nos conectamos mejor con los demás a nivel sexual cuando estamos mejor conectados con nosotros mismos. Lo mismo aplica a todas las otras dinámicas relacionales no sexuales, de la que hablaremos más adelante.[14]

Piensa en esto: si salieras a cenar, ¿pedirías solamente lo mismo que pide tu pareja? Si lo hicieras, ¿lo disfrutarías? Quizás disfrutes comiendo algo que haya elegido la otra persona, pero no cabe duda de que disfrutarías comiendo algo que tú hayas elegido. Y es difícil sentir satisfacción si no comes lo que deseas.

En definitiva, lo que necesitas es descubrir qué te funciona a ti (y a nadie más). Si no quieres penetración, estupendo. Si la quieres, ¡fantástico! Si no te gusta el sexo casual y prefieres esperar,

---

14. La cita se atribuye a Esther Perel, que ha hecho esta declaración en sus charlas, entrevistas, textos sobre relaciones, intimidad y sexualidad. Perel ha escrito varios libros, entre ellos *Mating in Captivity: Unlocking Erotic Intelligence and The State of Affairs: Rethinking Infidelity.*

adelante. Si quieres tener sexo con un desconocido en la calle, eso también está bien. No importa. Lo que importa es que sientas seguridad y comodidad, y que puedas excitarte lo suficiente para experimentar placer. Cualquier valor o presión social percibidos que no coincidan con tus propios deseos y preferencias simplemente no son para ti. Deja de intentar que tu sexualidad encaje en la caja limitadora que la cultura te ha entregado. Tu expresión sexual es una experiencia sumamente subjetiva y específica de ti.

Si quieres crecer a nivel sexual, debes soltar la expectativa de que tu cuerpo debería funcionar de una única manera determinada por la cultura. El sexo no va tan solo de genitales que se chocan entre sí. Se trata de mucho, mucho más. El sexo es relacional. Nunca es solo sexo.

El sexo está repleto de significado... si estás dispuesto a buscarlo. Puedes aprender mucho de una persona por cómo se expresa o se evita a sí misma sexualmente, ya se trate de erotismo y de fantasías, o de su incapacidad para responder a la pregunta de «entonces, ¿qué es lo que te gusta?». Esto es a lo que la psicoterapeuta Esther Perel se refería con su famosa afirmación: «Dime cómo te han amado y te diré cómo haces el amor». El sexo tiene tanto significado como el amor. Sin embargo, la forma en la que damos y recibimos amor recibe mucha más atención que la manera en que participamos del contacto erótico.

El sexo requiere destrezas relacionales, y adquirir esas destrezas tendrá un efecto dominó que llegará a todas las áreas de tu vida.

El buen sexo requiere:

- Comunicación.
- Límites.
- Sentirse a gusto y apreciar el cuerpo propio.
- Autoconocimiento.
- Autoestima y confianza.
- Egoísmo y autocuidado.

Lo que se interpone en el desarrollo de estas destrezas es —ya lo has adivinado— la ansiedad y los traumas no resueltos. Pero las personas a menudo tienen tantas barreras que no pueden ni siquiera abordar el tema.

Thomas: «No puedo hablar de sexo»

Mi cliente Thomas, un hombre blanco, cisgénero y heterosexual de treinta y ocho años, acudió a terapia cuando todavía estaba soltero. Al poco tiempo, conoció a alguien especial. (Me emociona mucho cuando mis clientes descubren el amor porque me da esperanza, y además es interesante ver lo transformativo que puede ser el poder de una conexión profunda.) Le pregunté a Thomas sobre el sexo.

No habían hecho nada.

Le pregunté si habían tenido conversaciones sobre el sexo.

No habían tenido ninguna.

Dije: «¡Son buenas noticias! Eso significa que tenéis mucho de lo que conversar y explorar. ¡Qué emocionante!». Y de verdad que lo era. Como a la mayoría de los clientes les asusta un poco tener sexo con alguien nuevo, procuro darles un cierto grado de emoción. Después de todo, es sexo, no un castigo (a menos que eso sea lo que te gusta).

A lo largo de varias sesiones, alenté a Thomas a iniciar conversaciones sobre sexo con su pareja. A pesar de ser una persona muy sexual, le costaba hacerlo y con frecuencia decía cosas como que «simplemente no podría». Unos meses más tarde, los dos estaban un poco ebrios una noche y tuvieron sexo casual, pero, más allá de eso, su conexión sexual seguía siendo un misterio no explorado. Ninguno de los dos había tomado la iniciativa y nunca lo discutieron. Por ese motivo cambiamos las sesiones para enfocarnos en entender los motivos subyacentes que explicaran la resistencia de Thomas. Debería señalar que, al enfrentarse a desafíos sexuales, muchas personas tienden a enfocarse solo en las capas superficiales del problema del aquí y ahora. Si bien puede ser útil, por lo general hay mucho más que no querrás pasar por alto.

Resultó que Thomas estaba atorado, pero no por una desconexión con sus deseos ni por ansiedad de rendimiento, sino por una historia de ansiedad y trauma relacional vinculado con su familia de origen. (La mayoría de los problemas sexuales tienen su origen en alguna clase de trauma.) Al crecer, no se le permitía ser él mismo. Sus padres no le preguntaban ni se interesaban por lo que él quería; ambos trabajaban hasta tarde y mostraban una evasión y desconexión emocional. Thomas negó verse perjudicado por el estilo de crianza de sus padres, pero había sentimientos no resueltos de retraimiento y evasión de interacciones vulnerables que estaban manifestándose en su vida adulta, sobre todo en su incapacidad de conectar sexualmente con su nueva pareja.

Hablar de sexo, y tener sexo, requiere un profundo nivel de sinceramiento y vulnerabilidad con uno mismo. Pero a Thomas nunca se le permitió ser abierto de niño; en lugar de eso, aprendió a ocultar su verdadero yo, sus pensamientos, emociones y deseos. De la misma manera que, como descubrimos en la sesión, sus padres habían ocultado los suyos. Como resultado, ante cualquier cosa de índole sexual, Thomas se perdía hasta el punto de no poder hablar. Ese era el silencio y el retraimiento de su infancia.

Thomas no es el único cuya experiencia de ser silenciado durante la infancia (no en un sentido sexual) se expresaban durante el sexo.

Claudia: una lista de verificación para el orgasmo

Claudia tenía unas dificultades similares. Era una mujer blanca, cisgénero y heterosexual de veintiocho años que quería tener citas, pero se sentía atascada y sola. Se había criado en una comunidad religiosa que condenaba todo lo que relativo al sexo, sobre todo en el caso de la mujer. A medida que la terapia progresaba, quedó claro que Claudia todavía estaba luchando con la vergüenza que había aprendido en su infancia. Con el trabajo que hicimos al respecto, su sensación general de vergüenza disminuyó y su seguridad aumentó.

Sin embargo, todavía le costaba llegar al orgasmo en el sexo en pareja. Claudia explicó que su método de masturbación preferido hacía que fuera imposible replicar la misma sensación durante el sexo penetrativo. Cuando se masturbaba sola, Claudia tenía que estar tumbada boca arriba y usar un vibrador. La idea de introducir el vibrador en el sexo en pareja le causaba tanta ansiedad que descartó la posibilidad de tener un orgasmo.

Esto es algo que escucho todo el tiempo. No es un problema específico de un género. Todo el mundo tiene una forma muy específica en la que llega al orgasmo. A veces, las personas tienen varios caminos para aumentar el placer y llegar finalmente a él. Otras, no tantos. Muchas personas, de hecho, tienen una lista de verificación para alcanzarlo. Este era el caso de Claudia, y el mío. No es algo malo. Si quieres alcanzar un orgasmo, lo importante es saber cómo llegar a él.

Cuando ocurren este tipo de cosas, digo:

—Es una noticia excelente. ¡Haz con tu pareja lo que sea que hagas cuando te masturbas!

—Pero no me siento cómoda —respondió Claudia—. Tengo miedo de que me juzgue, y él siempre dice que quiere que me corra.

—¿Crees que sería posible que tu pareja sintiera placer por el hecho de que tú sientas placer? —le repliqué de inmediato.

La idea de recibir placer sin tener que ocuparse de su pareja (algo que nunca había podido hacer dentro de su familia) despertaron la vergüenza que Claudia había aprendido durante su infancia y adolescencia. La vergüenza hacía que quitara prioridad a su propio placer, tal como sus padres le habían enseñado y tal como la sociedad en general le había enseñado por el hecho de ser mujer. Se aisló y se retrajo. Hay quienes dirían que aislarse cuando se requiere cierta participación es una expresión inconsciente de vergüenza o ansiedad. En el caso de Claudia, se trataba de ambas.

Juntos fuimos revelando las capas del placer de Claudia. Por un lado, un simple cambio logístico le permitiría experimentar un profundo placer. Pero eso activaba las narrativas de vergüenza y ansiedad de la infancia (al igual que le ocurría a Thomas) y le impedía hacer esos cambios logísticos. Con el paso del tiempo logré convencer a Claudia de que experimentara. Y me alegra anunciar que aprendió cómo obtener lo que necesitaba del sexo en pareja. Ahora su vibrador es siempre un elemento presente en la mesita de noche.

Para ser honesto, no recuerdo un solo caso en el que el impedimento que alguien tenía para expresar su sexualidad no fuera la vergüenza, la ansiedad y la falta de comunicación.

James: la presión de la penetración

Te presento a James, un hombre cisgénero y heterosexual de treinta años a quien llevo años visitando. El principal problema de James estaba relacionado con la penetración; en concreto, con la dificultad para llegar a un orgasmo a través de ella. La solución más lógica habría sido cambiar el foco de la penetración a algo más placentero. Sin embargo, James se resistía a hacerlo. ¿Por qué? Porque había aprendido la regla que dicta que todas personas que tengan pene deben mantener una erección y ser capaces de llegar al orgasmo a través de la penetración, y albergaba la suposición de que su pareja estaría decepcionada si él no podía cumplir con esa expectativa.

Hacer que James comunicara sus dificultades requirió bastante persuasión, pero, finalmente, se abrió a su pareja, quien reaccionó de forma positiva. La conversación se centró en las preferencias sexuales, pero, para James, revelar esas preferencias era como contar un secreto que guardaba en lo más profundo de su ser. Tras esa conversación, aumentó su seguridad en sí mismo y su pareja se abrió más sobre sus propios deseos. En definitiva, esa comunicación enriqueció muchos aspectos de la vida de esa pareja.

Sin ninguna duda, en cuestión de sexo, existe un baile muy complejo en juego. No es solo un acto físico; siempre hay un misterio más profundo y cautivador que descubrir.

La sexualidad es poder, seguridad y libertad

El sexo es más que un mero acto físico. Su carácter físico se entrelaza con lo psicológico y lo emocional; con la autoestima; con el miedo al rechazo, a no valer nada, e incluso con aspectos de la depresión. Sin embargo, también tiene el potencial de funcionar como un espacio transformador que fomente la autoestima, aborde y alivie el miedo al rechazo, cultive una sensación de valía y contribuya a la satisfacción y la felicidad en general. El psicoterapeuta Ian Kerner dice: «El deseo es más que lo que ocurre entre las sábanas. Se trata de cómo vives tu vida».

En varios de mis casos he observado de forma regular que, al ayudar a las personas a aumentar la seguridad en su sexualidad, también se han producido transformaciones positivas en otros aspectos de su vida, como la autoestima, la satisfacción relacional y la imagen corporal.

Uno de los obstáculos más desafiantes es el de priorizar el placer propio. Eso quiere decir no solo tener sexo de la manera en la que la pareja quiere y no guardarse los deseos propios. Para lograr esto se requiere un nivel de egoísmo que, históricamente, no se ha permitido o alentado durante la infancia.

Cuando nos concentramos en nuestro propio placer, necesitamos soltar por un momento la preocupación por el placer de la otra persona. En su libro *Arousal: The Secret Logic of Sexual Fantasies* («Excitación: la lógica secreta de las fantasías sexuales»), el doctor Michael J. Bader escribe: «La excitación sexual requiere que seamos egoístas por un momento y que ignoremos la cuestión del placer ajeno para rendirnos ante el propio, que dejemos de preocuparnos momentáneamente por herir o rechazar a la otra persona. Debemos tener la capacidad de "usar" a otra persona sin preocuparnos por que se sienta usada».

Desde luego, Bader no está hablando de un «uso» de los demás sin su consentimiento; eso sería dañino. Imagino que tan solo leer la palabra «usar» puede ser un detonante emocional para algunos lectores. Ten presente que el uso del que habla Bader no es a expensas de la seguridad, el placer o la conexión de la otra parte. Es a nuestro servicio, que a la vez es a servicio de nuestra pareja, porque estar presentes en nosotros mismos crea una dinámica emocionante y vulnerable que es necesaria para la conexión sexual. En este «uso» no hay una desestimación de la otra persona, sino un abandono del deseo de cuidar a nuestra pareja en los momentos en los que nos sentimos lo suficientemente poderosos como para acceder a la excitación y, en consecuencia, aumentar nuestro propio placer. Es dejar ir el miedo, la vergüenza, la culpa, la responsabilidad y la carga inherente a las dinámicas relacionales limitantes que permiten que este proceso ocurra.

Es como comer con tu pareja. Si no disfrutaras del plato que ambos habéis pedido, ¿seguirías comiéndolo solo porque tu pareja lo hace? Claro que no. Le agregarías algún condimento o incluso pedirías algo para comer en tu casa más tarde si es que te resultara incomible. De un modo similar, durante el sexo es importante que te concentres en tu propia excitación y placer. Esto no quiere decir que no te importe tu pareja, pero sí quiere decir que no deberías continuar teniendo sexo si no es maravillosamente delicioso y placentero también para ti. Así como no te forzarías a comer algo que no te gusta, tampoco deberías forzarte a participar de ninguna experiencia sexual que no te genere placer y alegría. [15]

Desde luego, comer no es un acto tan vulnerable como el sexo. Es por eso que veo el sexo como la última frontera de la edad adulta, el punto en el que la vulnerabilidad y la intimidad se entrelazan. Pero también es allí donde pueden emerger nuestros

---

15. Bader, Michael J. (2002), *Arousal: The Secret Logic of Sexual Fantasies*, Thomas Dunne Books, Nueva York, p.33.

miedos e inseguridades más profundos, impulsados por la vergüenza y la culpa de nuestro pasado.

Es precisamente en esos momentos de vulnerabilidad que tenemos la oportunidad de afrontar y superar nuestras ansiedades de la infancia y nuestros miedos relacionales. Es entonces cuando podemos reclamar nuestro poder y reescribir nuestra narrativa.

5. El fin de la luna de miel

> El amor no es algo natural. Por el contrario, requiere disciplina, concentración, paciencia, fe y la superación del narcisismo. No es un sentimiento, es una práctica. [16]
>
> Erich Fromm

A la mayoría de las parejas las veo llegar a terapia años, incluso décadas después de que el resentimiento, el odio y la pérdida de esperanza en la relación se hayan convertido en una montaña monstruosa y aterradora, incluso para mí. Y sí, se lo digo a mis clientes, sobre todo cuando una o ambas partes de la pareja parecen despreocupadas (entumecidas y desconectadas) ante esa montaña, lo cual ocurre a menudo.

Vienen cargadas con una lista larguísima de necesidades insatisfechas, críticas y expectativas que tienen más que ver con la ciencia ficción que con cualquier tipo de relación humana real.

- No es como yo.
- No me ve.
- Queremos cosas diferentes.
- No comparte sus emociones.
- Critica demasiado.
- No es para nada emocional.
- Siempre está de mal humor.
- Haz que cambie.

---

16. Fromm, Erich (1956), *The Art of Loving*, Harper & Row, Nueva York, p.56.

- No debería tener que soportar esto.

Llegado ese punto, ambas partes sienten una presión enorme para hacer que la relación funcione o termine. El resultado es una situación de rehenes polarizante en la que una o ambas personas detestan a su pareja y exigen un cambio, ¡o habrá consecuencias!

Terri y Peter: recreaciones de la infancia

Terri, una mujer hispana y cisgénero de cuarenta y dos años que se identifica como bisexual, y Peter, un hombre polaco-estadounidense blanco, cisgénero y heterosexual de treinta años, han sido pareja durante cinco años y se mudaron juntos durante el COVID-19. Al iniciar la terapia, estaba claro que ambos tenían una conexión profunda con el otro, pero estaban hipercentrados en resolver conflictos.

Al comienzo de la relación, cuando vivían por separado, se sentían libres, y la dinámica era relajada, sin casi ningún conflicto. Pero una vez decidieron mudarse juntos y la intimidad fue mayor, empezaron a surgir conflictos.

La intimidad con el paso del tiempo

Cuando se habla de tener «intimidad» con alguien, por lo general se hace referencia al sexo o a alguna idea vaga de cercanía emocional. Cuando yo uso la palabra *intimidad*, sobre todo en una pareja, me refiero a un entendimiento profundo de la otra persona basado en experiencias compartidas a lo largo de un período de tiempo extendido y en diferentes contextos. En el caso de muchas parejas (como la de Terri y Peter), mudarse juntos aumenta la intimidad. Ves todos los estados de ánimo, las rarezas y los hábitos de tu pareja que ocupan todo el espectro, desde lo bueno a lo malo y lo feo.

Cuando ocurre cualquier tipo de cambio externo en la pareja (como irse a vivir juntos), puede darse un acusado cambio en la dinámica de la relación. Cualquier cambio significativo en la estructura de una relación, ya sea mudarse juntos, tener hijos o perder el empleo, puede impactar en todo, desde el flujo del deseo sexual hasta la percepción de la otra persona. Un cambio de esa naturaleza ocurrió en el caso de Terri y Peter: tras irse a vivir juntos, la fase de luna de miel se frenó de golpe.

A pesar de mis esfuerzos por alentar la autorreflexión, Terri y Peter parecían resistirse a la exploración de sus historias personales; cada uno estaba convencido de que la culpa no era suya. Terri expresó cierta aprehensión sobre el futuro de la relación y citó la inmadurez que ella percibía en Peter y su incapacidad de satisfacer sus necesidades. Estas preocupaciones exacerbaban la ansiedad que ella sentía por su edad y por su capacidad de tener hijos, lo que la condujo a reevaluar la relación. Mientras tanto, Peter se mostraba estresado y confundido; sentía que estaba haciendo todo lo que podía por responder a las preocupaciones de Terri, pero aun así no parecía capaz de aliviar su angustia.

Ambos temían perder al otro, pero cuanto más intentaban aferrarse a la relación, más se alejaban. Esto ocurre en muchas parejas. Quieren arreglar la relación con tanto anhelo, acercarse más como pareja, que la manera en la que lo intentan acaba separándolos aún más. Lo verás en todos los casos descritos a lo largo de este libro.

En terapia, Terri y Peter finalmente comenzaron a explorar sus respectivas historias y patrones de comportamiento para entender por qué cada uno actuaba o respondía al otro de formas que conducían a la desconexión. Ambos se habían criado en familias en las que el conflicto era una constante, y ambos se habían encontrado varias veces en el centro de esos conflictos. Sin embargo, sus reacciones a los desacuerdos familiares eran muy diferentes. Terri contraatacaba con confrontaciones y defensas, mientras que Peter se retraía y desconectaba. Si bien estas respuestas pueden haber sido adaptativas y necesarias durante la infancia, como adultos ya no les servían en su relación.

Una sesión típica con Terri y Peter era algo parecido a esto:

Terri: Cada vez que tenemos un conflicto, me lo discutes. ¿No puedes simplemente escuchar y validarme? Estoy pensando todo el tiempo en tener hijos y luego llegan estos conflictos y pienso… ¿acaso quiero criar a un niño en este espacio? ¿Quiero estar yo en este espacio? Me hace sentir insegura y desprotegida el que hagas eso. Como si nunca fueras a entenderme.

Peter: Yo solo… Tienes razón. No te entiendo, Terri. Siento que estoy haciendo todo lo que puedo para que esto funcione. A veces, cuando tenemos un conflicto, tú niegas mis sentimientos, así que, de alguna manera, lo que hago es defenderme o volver a explicar mi lado de la historia. ¿Qué otra cosa se supone que debo hacer? Lo estoy intentando. Pero siento que nunca es suficiente. Me quedaré callado sin decir nada, porque…

Yo: De acuerdo, pausa. [La cantidad de interrupciones que hago en las sesiones es descabellada y en cierto modo escalofriante.] Dejadme plantear algunos temas aquí. Terri, lo que escucho de ti: «invalidada, incomprendida, insegura, falta de poder». ¿Estás de acuerdo?

Terri: Sí. Excepto por lo de «falta de poder». No me siento así. Me siento empoderada cuando digo lo que pienso.

Yo: Quizás te sientas empoderada al decir lo que piensas, y eso es genial, pero cuando colocas toda la responsabilidad de vuestro futuro relacional en Peter, tú te quedas… bueno, sin poder.

Terri: Ahhh. Vale. De acuerdo.

Yo: Bien, y Peter, los temas que escucho de tu parte son: «te sientes invisible, incomprendido, sin poder, sin esperanza y colapsado», en el sentido de completamente desconectado.

Peter: Sí.

Yo: ¿Alguno de todos estos temas os suena familiar a alguno de los dos?

Terri: Sí. De mi infancia.

Yo: ¡Sííí! Vuestra infancia. Y ambos estáis respondiendo de la misma manera que cuando erais niños. Terri, entiendo que, de pequeña, a menudo eras blanco de conflictos y que has aprendido a responder de forma directa; luchaste por tu espacio porque nadie te lo dio sin que tuvieras que soportar grandes críticas u abandono. Y, Peter, tú aprendiste a aislarte y hacerte pequeño porque tu madre y tu hermana no dejaban de criticarte y regañarte. Pasado un tiempo, dejaste de intentarlo. Eso es lo que ambos estáis haciendo con el otro. Y, y, y estáis usando las palabras que en realidad deberían estar dirigidas a vuestros padres. Porque, a mi modo de ver, ambos estáis aquí en una consulta haciendo terapia porque estáis desesperados por hacer que las cosas funcionen. Y eso no es algo que vuestras familias hayan hecho por vosotros. Eso es importante. Es poderoso. Os diferencia.

Peter: Sí, supongo que, cuando las cosas se ponen difíciles, tiendo a sentirme infravalorado. Así que, después de una pequeña discusión, me desconecto. Así es como lidiaba con eso entonces.

Terri: Y yo siento que debo defenderme, tal como lo hacía de niña. Es decir, no debería tolerar algunas de estas cosas. Si me siento de cierta forma y Peter solo se concentra en el control de daños, me siento invalidada, como en mi infancia.

Yo: Bien. Reconocer estos patrones es el primer paso. Ahora exploremos cómo podría ser un conflicto saludable entre vosotros dos. Es importante entender que los conflictos son inevitables y que pueden ser una oportunidad para el crecimiento y para una conexión más profunda. Y no solo eso, sino que, a diferencia de lo que ocurría en vuestras familias, ¡ambos podéis tener un impacto en la relación!

Su primer desafío fue acabar con el ciclo de responder desde un lugar infantil. El segundo desafío fue normalizar el conflicto y explorar cómo sería un conflicto saludable. Para Terri y Peter, un conflicto saludable consistía en comunicarse con el conocimiento de que ambos estaban presentes para el otro. Esto les ayudó a cambiar el modelo de conflicto que traían de la infancia (aterrador, amenazante y solitario) por algo que fuera… sí, frustrante y molesto de todos modos, pero más colaborativo, comprensivo y seguro. Esto también los ayudó a aceptar la inevitabilidad del conflicto y a usarlo como oportunidad para conectar. Al soltar el miedo a los conflictos y la necesidad de controlarse entre sí, y al ser más vulnerables, lograron construir una conexión más fuerte y auténtica.[17]

El fin del «período de luna de miel» es una parte importante de cualquier relación. Todas las parejas, como Terri y Peter, inevitablemente llegarán a esa encrucijada. Sin embargo, cuando surgen conflictos, pocos dan el paso necesario de buscar ayuda profesional y, en lugar de eso, recurren a discusiones o al aislamiento, lo que puede conducir al fin de la relación.

Esta es la dura realidad: la fase de luna de miel tiene fecha de caducidad. No importa lo dichosa que se sienta al comienzo, la idealización terminará por esfumarse y, a menudo, transformarse en desilusión. Por eso es crucial estabilizar cualquier reacción impulsiva que se tenga hacia esta fase relacional común. No se necesita agitar ninguna bandera roja ni hacer sonar ninguna alarma. En lugar de eso, considera el fin de la fase de la luna miel como una oportunidad para profundizar la intimidad con tu pareja.

Eso es, en parte, lo que me ocurrió a mí.

---

17. La noción de que un cambio externo puede conducir a cambios en las dinámicas de la relación es un tema recurrente en las publicaciones sobre relaciones y terapia de pareja.

Alex y yo

¿Alex y yo? Éramos diferentes: yo quería hacer deporte; él quería ver la tele. Yo quería quedarme en casa; él quería salir. Él quería salir de fiesta hasta tarde; yo quería estar en la cama a las diez (como tarde; hoy en día, todavía más temprano). Yo intentaba ser lo más consciente posible de lo que comía; a él le encantaba ir a Wendy's. Cuando viajábamos, a él le gustaba ir a antros gay y yo quería ir a bares de cócteles. Él expresaba su enojo y yo me encerraba en mi silencio. Él no comunicaba sus emociones; yo sí. Yo quería tener conversaciones profundas; él no.

A pesar de estas diferencias grandes y pequeñas, nuestra relación era lo único que me había hecho feliz en la vida. Hasta que conocí a Alex, yo había sido un nihilista deprimido, ansioso y cínico.

Siempre he llevado un diario en mi ordenador. Mi diario era el lugar en el que hablaba de lo mal que me sentía. Cada pensamiento triste, perturbador o aleatorio termina en ese documento. Pero durante los primeros tres años de mi relación con Alex, no escribí nada. Y cuando lo volví a abrir, lo que encontré allí fue como recibir una bofetada.

«Ha pasado un buen tiempo. No he escrito porque no he tenido la necesidad… He sido feliz.»

Pausa dramática. «¿Qué? ¿Yo, feliz durante un largo período de tiempo? ¿Cómo es eso?». Era todo un profesional de la depresión y la ansiedad, así que me pareció una locura leer eso.

Cuando has atravesado un trauma o has sufrido problemas de salud mental durante un largo tiempo, la experiencia a menudo se siente terminal. Yo me había aferrado a esa narrativa. Me había identificado con mis heridas. Eso era lo único que conocía, lo único que tenía sentido para mí.

Al menos hasta que conocí a Alex.

Él y yo nos llevábamos bien porque nos divertíamos mucho juntos y porque nuestra química sexual era puro fuego. Nos hablábamos con voz de bebé y nos dábamos apodos tiernos. Y, de alguna manera, Alex conseguía tener siempre una sorpresa dulce para mí todos los días. A veces era mi comida favorita (salmón con salsa bearnesa y espárragos). Otras, un objeto aleatorio que había encontrado en una tienda y que creía que haría que nuestra vida fuera más fácil. Detalles que jamás se me habrían ocurrido por mi cuenta.

El comienzo de nuestra relación fue muy poco complicado. Vivíamos juntos; ambos teníamos empleos con horarios predecibles y no traíamos el trabajo a casa. Nos mudamos a un apartamento precioso con vistas al océano. Imagina tener sexo en un piso veintiséis con las ventanas abiertas y el sonido de las olas del mar que llega desde afuera. Era el paraíso. Alex estaba satisfecho con su trabajo y yo estaba tranquilo porque sabía que tenía el posgrado por delante y mis próximos años ya planeados. Tuvimos aventuras maravillosas viajando por todo el mundo. Era una buena vida.

Sí, tuvimos un par de obstáculos en el camino, pero nuestra relación era relativamente sencilla y poco conflictiva. Si teníamos alguna que otra riña de vez en cuando, la arreglábamos a través del humor (voces de bebé), el sexo y la comida. Yo tenía veinticuatro años, y hacía tres que estábamos juntos en la relación. Yo no estaba pensando en tener hijos, en casarnos ni en ningún otro hito o compromiso importante dentro de una relación, así que la presión de avanzar en alguna dirección que no fuera la decoración de nuestro apartamento era inexistente.

Hablemos de esa presión

La presión de cumplir con ciertos hitos relacionales puede ser muy disruptiva. Es un gran obstáculo para entablar una conexión y a menudo impedirá que una relación siga su curso si una u ambas partes siente una pizca de incompatibilidad. ¿Por qué? Porque las personas están demasiado enfocadas en intentar controlar un futuro que todavía ni siquiera ha ocurrido.

Sorprendentemente, este no es un problema que yo tuviera de joven. Ahora, cuando estoy en una primera cita y comienzo a fantasear de inmediato con tener una relación con la otra persona y con adónde podría llegar eso, pienso: «¿Querrá vivir en ambas costas conmigo? ¿Querrá tener hijos? ¿Sería una buena persona con quien criar a mis hijos?». Está fuera de control, pero bueno, es algo con lo que muchos de nosotros luchamos.

No es que no debas fantasear sobre el futuro ni reflexionar sobre esas cuestiones. Pero intentar anticipar un futuro con alguien que es literalmente un desconocido es un caso claro de autoprotección, que también está bien. Sin embargo, como ya hemos visto, la autoprotección puede interponerse en el objetivo de estar presente de verdad y ver a quién tenemos ante nosotros.

Así que sueña, fantasea, pero limita cuánto lo haces. Y si surge una preocupación sobre tu pareja, ¡pregúntale! Si no, estate presente y fíjate si puedes relajarte y conectar. Al menos eso es lo que me digo a mí mismo. (A menudo es más fácil decirlo que hacerlo.)

Alex fue la primera pareja con la que conviví, así que mi atención estaba más que nada en esa primera experiencia positiva de tener un «hogar». Decoramos, creamos nuestras propias tradiciones para las fiestas, íbamos a comprar muebles antiguos durante los fines de semana e incluso empezamos a restaurar algunas de las piezas que encontramos. Esa clase de conexión no era algo que yo hubiera vivido antes.

Luego inicié mi posgrado y empecé a cambiar. Y esos cambios tuvieron un impacto en la manera en la que veía a Alex y experimentaba nuestra relación.

Ninguna relación puede existir sin desafíos o conflictos durante demasiado tiempo. (Aunque, eso sí, nosotros logramos llegar a poco más de cuatro años antes de… ¡el fin de la fase de luna de miel! ¡Y entonces llegó la fase de la decepción y la desilusión!) Y como ya he mencionado, el final de la fase de luna de miel es un momento definitorio en la evolución de cualquier relación. Podríamos incluso decir que es el verdadero inicio de la relación. Es el momento en el que colapsan los ideales que imaginamos para la relación, y por fin nos damos cuenta de que no hemos escogido a nuestro príncipe azul después de todo. Ahora estamos decepcionados y nuestra pareja nos parece imperfecta y, a veces, irritante.

Esta es una de las partes más difíciles de una relación. Así que intentaré desilusionarte con la mayor gentileza que me sea posible: todas las personas a las que quieras te decepcionarán. Serán una mezcla de todas las cosas maravillosas que tú creías que eran y todas esas otras cosas frustrantes con las que creías que no tendrías que volver a lidiar en una pareja. Lamento ser quien tenga que decírtelo, pero si quieres avanzar hacia una versión del amor más madura, tendrás que soltar los futuros idealizados y cualquier otra fantasía y aceptar la brutal realidad de que tu pareja, al igual que todos los demás seres humanos, es fundamentalmente imperfecta. (Noticia de última hora: tú también lo eres; esto aplica en ambos sentidos.)

Más tarde me di cuenta de que Alex y yo nos encontrábamos en una encrucijada importante. Teníamos la oportunidad de revisar el contrato tácito de nuestro compromiso y coproducir una segunda edición. Pero… no lo hicimos. Nunca habíamos establecido ninguna regla base para tener conversaciones difíciles sobre detonantes emocionales, decepciones, necesidades, satisfacción ni límites. En ese entonces, internet y las redes sociales no estaban plagadas de consejos para las relaciones y el amor. Nadie hablaba de las relaciones como lo hacemos hoy en día. Ninguno de nosotros registró en ese momento que podría haber sido importante hacerlo.

Por un lado, nuestra capacidad de evitar o tolerar conflictos creó una ilusión de estabilidad. Sin embargo, por otro lado, esa evasión mutua dejó a la pareja vulnerable frente a los conflictos no resueltos o imposibles de resolver. Ninguno de los dos había aprendido las palabras ni había adquirido las habilidades necesarias para hablar de aquello que amenazaba nuestra relación. Esto condujo a un distanciamiento y a una falta de conexión, y nuestros desafíos no hicieron más que crecer... hasta convertirse en una de esas montañas aterradoras que veo en mis clientes. En resumen, Alex y yo cocreamos una dinámica evasiva que nos resultaba familiar a los dos.

Esto es algo de lo que me arrepiento, y algo que te aliento a que investigues de inmediato si te encuentras en una relación. Si todavía no lo has hecho, comienza ahora. Considera con tu pareja elaborar un contrato para vuestra relación en el que se sienten las bases y las pautas generales para las diferentes facetas de la relación, incluyendo los conflictos que inevitablemente surgirán. Si bien el contenido del contrato depende de vosotros, recomiendo que aborde de qué manera lidiaréis con todo un abanico de problemas, como decepciones, conflictos, diferencias en necesidades y deseos, frustraciones, estilos de comunicación y libidos disparejos. En esencia, abordad todos los posibles desafíos de manera proactiva, abstracta, antes de que se conviertan en problemas concretos del mundo real. Además, tened este tipo de conversaciones desde el comienzo de la relación, de modo que, cuando los inevitables desafíos ocurran dentro de dos, cinco, diez o veinte años, ya tendréis el lenguaje y las herramientas necesarias para afrontarlos. Muchas parejas no son proactivas en la comunicación porque nunca aprendieron a serlo, pero nunca es demasiado tarde para empezar.

Haz lo que digo, no lo que he hecho...

Pero yo no mencioné el tema. Y Alex definitivamente no lo mencionó. No hablamos de nada de eso, y así es como se convirtió en un problema. Porque la vida se interpuso, como siempre lo hace.

Los cambios en el entorno exterior pueden conducir a cambios internos que, a su vez, pueden afectar a nuestras relaciones. El inicio de mi posgrado trajo consigo un cambio muy profundo.

A medida que mi mundo comenzó a expandirse y yo empecé a involucrarme en diversas perspectivas, noté que mi manera de entender mi vínculo con Alex estaba modificándose. Esta transición académica no era solo un cambio en mi nivel educativo, sino que también era una evolución en mi panorama mental, emocional e intelectual. Estaba examinando la vida a través de un lente nuevo, y eso incluía mi relación con Alex. Para bien y para mal.

Empecé a entender la importancia de una comunicación abierta, de la inteligencia emocional y del crecimiento mutuo dentro de una relación. Cuanto más me sumergía en mis estudios, más me cuestionaba la dinámica de nuestra relación. No tenía que ver con Alex o conmigo como individuos, sino que se trataba de cómo nosotros, como unidad, no lográbamos adaptarnos a la evolución de nuestras interpretaciones del mundo. No habíamos anticipado estos desafíos y, en consecuencia, no estábamos preparados para lidiar con el consecuente torbellino emocional.

Cuando terminé mi posgrado y empecé a trabajar en mi consulta, la incertidumbre estaba al acecho. Tenía que pensar en el futuro y de pronto empecé a obsesionarme con todo. Estaba ocupado analizando hasta el más mínimo detalle de mi familia y de mi vida en general. Había comenzado un nuevo capítulo, pero Alex todavía disfrutaba de la satisfacción de su capítulo actual. Él se había mudado de Nueva York a Florida un par de años antes que yo y se había esforzado por llegar a donde estaba cuando lo conocí. Era siete años mayor, así que estábamos en etapas de la vida completamente diferentes. Él se estaba asentando en su trabajo y yo recién comenzaba a ver cómo funcionaba todo.

Con el paso del tiempo comenzaron a generarse o notarse más diferencias. Y no eran cuestiones de logística ni de desarrollo; eran cuestiones emocionales. Si bien esas diferencias ya estaban presentes desde antes, crecieron hasta convertirse en algo más preocupante, al menos para mí.

Teníamos estilos emocionales completamente diferentes. Al principio de nuestra relación, yo ni siquiera sabía del todo qué era un estilo emocional, y mucho menos cómo explorar el mío propio. A los veintiún años, todavía no me había separado del todo de mi familia. Los más de cuatro años viviendo juntos en Florida, sumado a todo lo que había aprendido sobre relaciones, amor y sistemas familiares en mi posgrado, habían acelerado mi autoexploración. En pocas palabras, había encontrado mi voz, al menos internamente.

Aprender a usarla con Alex era otra historia.

Yo había hecho terapia desde niño, y Alex no solo nunca la había hecho, sino que ni siquiera se planteaba la autorreflexión. Yo estaba profundamente involucrado en la autoayuda y el crecimiento personal, y él había leído solo un libro de autoayuda sobre ser gay y no le interesaba en lo más mínimo cualquier otro tipo de actividad de autorreflexión u orientada al crecimiento personal.

No era que Alex no fuera emocional; de hecho, era muy expresivo con sus emociones, pero carecía de la curiosidad necesaria para indagar más profundamente en la causa de esas emociones. Tampoco parecía interesarle cómo preguntar sobre mi estado emocional, o no sabía cómo hacerlo. En consecuencia, no comunicaba ni expresaba su empatía del mismo modo en el que yo lo hacía. Siendo un pensador profundo (con tendencia a analizar de más en algunas instancias), me sentía solo y desesperanzado. La situación también me hacía sentir como si no me estuviera permitido ser diferente o usar mi nueva voz.

Y aun así… por otro lado, esta persona que no siempre me preguntaba cómo me había ido el día…

Me quería muchísimo. Me besaba y me abrazaba. Me sostenía mientras lloraba por mi familia (un suceso lamentablemente frecuente). Me follaba con regularidad y priorizaba mi placer. Me esperaba con la cena preparada cuando llegaba a casa. (Había estudiado cocina y era un cocinero muy talentoso.) Era despreocupado y solo quería divertirse. Conmigo.

Ser amado por Alex me hacía sentir bien. La relación que tenía con él era la mejor que jamás hubiera tenido, incluyendo, pero no limitándome, a las relaciones con mis anteriores parejas íntimas, mis familiares y mis amigos. Estar con alguien a quien le importaba era algo grandioso. La sensación que tenía cuando estábamos juntos de tener un hogar y estar seguro era algo que nunca había sentido, y era justo lo que necesitaba. El comportamiento afectuoso y cariñoso de Alex me ayudó a sentirme menos triste al perder a familiares una y otra vez. A pesar de nuestras diferencias, la relación era lo suficientemente buena, y ese nivel de satisfacción le quitaba énfasis a la amenaza que nuestras diferencias presentaban en realidad.

Mientras yo lidiaba con nuestras diferencias internamente, comenzaron a surgir otros problemas externos que tenían que ver con la forma en la que nuestra relación estaba configurada: éramos codependientes. Alex era mi mejor amigo, mi pareja en redes sociales, mi compañero de vida, mi amante, mi compañero de piso, mi familia y mi compañero de viajes. Pero, una vez más, yo quería tener conversaciones más profundas, y eso a Alex no le interesaba. Como no tenía otros amigos, me sentía aislado, incapaz de ser lo que en ese momento creía que era mi yo auténtico.

Cuando me mudé a Florida, al principio me costó hacer amigos. No creía que fuera a quedarme, así que nunca me expuse demasiado ni corrí ningún riesgo social. Entonces llegó Alex y me quedé por él, dedicando todo mi esfuerzo y mi tiempo a la relación, construyendo nuestro hogar y nuestra familia juntos, lo que fue una de las experiencias más gratificantes de mi vida. Pero la consecuencia fue que nunca hice mis propios amigos, ni siquiera en el posgrado. Alex era mi todo. Y si bien eso era tierno en algunos sentidos, al cabo de siete años se convirtió en un problema.

Sé que tener amigos más allá de Alex le habría quitado algo de presión a la relación y a Alex en cuanto a mi satisfacción intelectual. La mayoría de las parejas tienen dificultades con esto. Encontrar el equilibrio entre la independencia y la dependencia es un desafío constante.

Pero no es necesario desesperarse ante tales errores. (Tan solo no los ignores.) Ya sea que tu relación se haya vuelto codependiente, o que hayas perdido partes tuyas, o que hayas fallado a la hora de abordar conflictos importantes, todo está bien. Incluso podríamos decir que esos desafíos son normales, inevitables e importantes para el crecimiento. Si bien pueden parecer amenazas, también son oportunidades de reevaluar y conectar. Quizás te gustaría tener una guía para conseguir el equilibrio óptimo, una solución para cómo lidiar con este desafío constante, pero no existe tal cosa. Todo depende de ti y de tu pareja.

Hay algo que sí puedo decirte: asegúrate de crear una vida social fuera de tu relación. Y no me refiero solo a tener amigos. Es una cuestión de diferenciación, un concepto importante que mencionaré a menudo. (Tenlo en mente a medida que leas.) La diferenciación se trata de aprender a ser independiente y a la vez mantenerte conectado de forma positiva con tu pareja. Eso implica establecer cierto grado de separación para que la relación no colapse bajo el peso de la dependencia absoluta.

Ante mi falta de independencia y autonomía, depender por completo de Alex para todas mis necesidades no hacía más que amplificar las piezas faltantes, lo que se presentaba como una amenaza a la sensación del hogar cálido y afectuoso que había aprendido a apreciar.

Lo que me encantaba de Alex era su despreocupación, sus tonterías y su creatividad. Al fin y al cabo, eso era lo que me había atraído de él en un principio. A medida que nuestra relación continuaba y nuestra intimidad crecía, cada vez me costaba más mantenerme conectado a esas cualidades porque me sentía demasiado perdido con respecto a quién era yo, quién era Alex y qué significaba eso para mi vida.

Era como si, inconscientemente, quisiera que Alex me diera permiso para expresarme a mí mismo. Quería que Alex me rescatara. No me estaba haciendo cargo de aquello que debería haber estado dándome yo mismo. En aquel momento, todas mis quejas parecían estar relacionadas con él de forma explícita. En ese entonces, no dejaba de desear que él cambiara, que fuera su culpa.

Todo comenzó con los «ojalá»:

- Ojalá él tuviera más conciencia de sí mismo.
- Ojalá él quisiera tener más conciencia de sí mismo.
- Ojalá él aprendiera a comunicar sus emociones.
- Ojalá él viniera a la cama conmigo una hora antes.
- Ojalá hiciéramos una clase de yoga juntos.

Estaba intentando cambiarle. Y si tú te encuentras en esa situación en tu relación, es momento de hacer una gran pausa.

Es importante honrar y respetar las diferencias, limitaciones y fallos percibidos de nuestra pareja sin dejar de mantener una conexión positiva con las partes de ella que quieres. Y si no puedes hacerlo, entonces es algo que deberías negociar lo antes posible. Quizás estés convencido de que tu pareja es quien necesita cambiar, pero en realidad sois ambos. De lo contrario, tu intolerancia puede conducirte a sentir desprecio. Y la intolerancia y el desprecio son asesinos de relaciones.

No soy solo yo. Todos tenemos momentos en los que queremos cambiar a nuestra pareja para que se adecúe mejor a nuestras necesidades. Pero las relaciones no funcionan así. Cada persona tiene creencias, valores y características que le pertenecen y que no pueden cambiarse así como si nada. Y si intentas modificar o culpar su forma de ser, con la convicción de que necesita cambiar, eso creará resentimiento y conflictos que socavarán el respeto y la aceptación mutuos sobre los que se construyen las relaciones sanas.

Yo también sentía que tenía derecho a conocer el mundo interior de Alex; quería saberlo todo. Pero no era que Alex no quisiera compartir ese mundo conmigo, sino que no podía. Simplemente, no tenía la suficiente curiosidad como para reflexionar sobre su vida interior del mismo modo que yo lo hacía. Quería que me interrogara, que me lo preguntara todo, pero no era así como Alex experimentaba el mundo ni se comunicaba. Y si bien yo me decía a mí mismo que eso era porque no le importaba, en realidad era todo lo contrario.

Yo no sabía qué quería, pero todo mi ser se había visto atraído hacia Alex. A nivel inconsciente, estaba claro: lo que me atraía era todo lo que me había faltado en la infancia. Mi familia estaba emocionalmente ausente, y eso era intimidante. Alex traía consigo diversión, risas y muchísimo placer. De hecho, fue esa liviandad la que me atrajo a la relación con él en un principio. Sin embargo, ¡ahora había una parte de mí que había empezado a fantasear con la idea de dejarlo por ese mismo motivo!

Lo que nos encanta de una persona puede ser también aquello que nos haga perder la cabeza.

En ese entonces me centraba solo en las limitaciones de Alex. Ahora sé que mi lucha por aceptar y tolerar nuestras diferencias era mucho más complicada. Yo también estaba limitado, pero en sentidos que no estaba dispuesto ni era capaz de reconocer en aquel momento.

En lugar de invertir en mis propias capacidades, encendí una bengala de emergencia y empecé a pensar que él y yo no hacíamos buena pareja. En lugar de reconocer mi propio papel en nuestras dificultades, me sentí atrapado. Atrapado dentro de mí, atrapado dentro de mi propia historia, atrapado dentro de mi historia con Alex, e incapaz de exigir más, incapaz de hacer cualquier cosa con respecto a mis miedos.

Me sentía igual que en mi infancia: sin poder. Disociado. Y completamente solo.

¿En resumen? Estaba sufriendo los efectos de un detonante emocional.

6. Apriétate el cinturón, el amor será tu detonante emocional

> Amar duele. Es como entregarte para que te desuellen a sabiendas de que, en cualquier momento, la otra persona podría simplemente marcharse con tu piel. [18]
>
> Susan Sontag

El amor puede ser una montaña rusa de emociones. En un momento te encuentras en la cima del mundo y crees que tu pareja es un ángel caído del cielo y, al siguiente, estás planeando su muerte. No te preocupes. No es que tú o tu pareja tengáis nada malo o estéis destinados a tener una relación enfermiza. Es que el amor, las citas y todos los demás tipos de relaciones generan muchísimos detonantes emocionales.

Si el amor todavía no te ha disparado un desencadenante emocional, apriétate el cinturón, porque lo hará.

Provocado, enfadado, furioso, encolerizado, cabreado, con la sangre que te hierve (mi favorito)... Cuando sentimos que nos tratan injustamente, es posible que experimentemos sentimientos intensos y una fuerte necesidad por reaccionar. Pero, en la mayoría de los casos, lo último que necesitamos en esos momentos es ser reactivos. Nada es tan urgente como se siente. Te lo prometo.

---

18. Sontag, Susan (2008), *Reborn: Journals and Notebooks, 1947-1963*, ed. David Rieff, Farrar, Straus and Giroux, Nueva York, p.262.

Si intentas gestionar tu relación desde una posición de reactividad y urgencia, lo más probable es que respondas de maneras que creen conflicto, distancia y desconexión. Esto es así porque en el cerebro se activa la respuesta de lucha, huida o parálisis, y muchas veces se interpreta mal la situación, lo que puede resultar en un caos innecesario y un drama indeseado.

Cuando este sistema de respuesta de emergencia toma las riendas, dejamos de controlar nuestra voluntad en su totalidad, sin importar nuestro intelecto o nuestras capacidades racionales. Según John Gottman, esta presencia fisiológica y crónica de una respuesta de emergencia se conoce como «inundación». Así lo explica: «Las inundaciones predicen que nuestros escudos se activarán porque nos sentimos agobiados y queremos huir de la negatividad de nuestra pareja o vencerla de inmediato». Gottman identifica tres aspectos distintivos de las inundaciones: «La primera parte es la sorpresa de sentirse atacado, culpado y abandonado. La segunda parte es darnos cuenta de que no podemos calmarnos. La tercera parte es un apagón emocional». En esencia, nuestra mente y nuestro cuerpo perciben peligro incluso cuando no hay ninguna amenaza real. En consecuencia, a menudo actuamos en contra de nuestros intereses porque sentimos que debemos defendernos y protegernos.[19]

Peter Levine llama a esto la «trampa de la veracidad», con la que, según explica, «cuanto más intensa sea la emoción de miedo o ira, más estaremos programados para suponer que nuestra evaluación de la amenaza es cierta, es decir, que se trata de un peligro real al que debemos reaccionar con nuestras respuestas de supervivencia básicas de la forma más intensa. En otras palabras, equiparamos veracidad con intensidad emocional». Llegar a un estado de inundación emocional y, entonces, dar por hecho la verdad absoluta de esa experiencia es algo que está muy arraigado en nuestras respuestas corporales. Está vinculado con la forma en

---

19. Gottman, John (2011), *The Science of Trust: Emotional Attunement for Couples*, W. W. Norton & Company, Nueva York, p.199.

la que el cuerpo almacena el trauma, lo que crea heridas invisibles que a menudo se activan por un detonante generado por nuestra pareja, y eso hace que nos sintamos inundados.

Definir los disparadores emocionales

Los disparadores o detonantes emocionales son situaciones específicas en el aquí y ahora que despiertan respuestas emocionales muy potentes basadas en heridas de traumas pasados.

Pero los disparadores no producen tan solo una reacción emocional, sino que pueden provocar una turbulencia emocional que conduzca a la frustración, el desprecio y la desregulación. Son catástrofes urgentes creadas por una perspectiva categórica de todo o nada, blanco o negro. [20]

Cuando un evento o una situación despierta un recuerdo, eso provoca emociones. Esto se manifiesta químicamente en el cuerpo, ya sea a través de hormonas, de neurotransmisores o de la activación del sistema nervioso central. No tienes por qué ser activamente consciente de que ese recuerdo se haya desencadenado. Por el contrario, puede que emerja de forma abrupta como una reacción emocional intensa, acompañada de un torbellino de pensamientos que solo parecen ser relevantes para la situación presente. Sin embargo, esas emociones potentes a menudo están vinculadas con una narrativa más profunda de tu pasado. Esto no le quita relevancia al momento presente, pero sí arroja algo de luz sobre por qué puedes sentir que algunas reacciones son abrumadoramente intensas. Con frecuencia le recuerdo a mis clientes que cuando se ven provocados por un disparador, sus reacciones emocionales son un 30 por ciento en respuesta a la situación presente, mientras que el otro 70 por ciento de esas reacciones se relacionan con experiencias pasadas, sobre todo traumas.

Profundicemos un poco más en este tema.

---

20. Levine, Peter (2015), *Trauma and Memory: Brain and Body in a Search for the Living Past*, North Atlantic Books, Berkeley, CA, p.25.

Desentrañar traumas

Hablar de traumas está de moda hoy en día. Por fin se ha acabado eso de minimizar o desestimar el impacto de los traumas. Se acabó lo de «traga con ello», «no es para tanto» o «hay gente que está peor».

Es crucial enfatizar lo significativas y profundas que son las heridas del mundo. A lo largo de la historia, la humanidad ha soportado traumas terribles, de los que casi nunca se ha reconocido el impacto profundo que han dejado tras de sí. Guerras, esclavitud, genocidios... esos eventos no fueron solo pequeños momentos de nuestro pasado colectivo; han condicionado a comunidades y culturas enteras de diversas formas, e incluso a vidas individuales, y seguirán haciéndolo durante generaciones. Eso mismo ocurre con los traumas generacionales familiares. Hace tiempo que nos debemos conversaciones profundas y significativas en torno a esos traumas, así como el reconocimiento de sus repercusiones trascendentales.

Pero ¿qué es un trauma? ¿Quién ha sufrido un trauma? ¿Y qué hacemos al respecto?

Los traumas están muy extendidos. Gabor Maté, médico húngaro-canadiense, sugiere (y estoy de acuerdo) que «alguien sin marcas de trauma sería un caso atípico en nuestra sociedad».

El trauma suele asociarse a eventos específicos, sobre todo aquellos en los que interviene violencia física o sexual. Si bien esas experiencias se clasifican indudablemente como traumas significativos, el trauma también puede manifestarse de muchas otras maneras y con magnitudes aún mayores. Hay personas que quizás sufran formas de violencia implícita o pasiva, como la falta de cuidados, afecto, orientación o atención durante la infancia. El abandono y la negligencia emocionales también entran dentro de esta categoría.

Incluso quienes no hayan sufrido maltrato en la infancia han atravesado las dificultades inherentes a esa etapa, que de por sí pueden ser aterradoras. Durante ese período, nuestros padres tienen un enorme poder y una gran influencia sobre nosotros.

Michael Bader afirma que «los padres tienen la autoridad para definir la realidad». Le dan forma a toda nuestra existencia a través de enseñanzas implícitas y explícitas, mostrando sus comportamientos y actitudes como modelos para nosotros.[21]

Cuando pensamos en traumas o maltrato, a menudo nos centramos en lo que se nos ha hecho. Pero igual de importante es lo que no se ha hecho, lo que no se nos ofreció, lo que no se nos permitió. El psicólogo Stephen Mitchell explica que «la terrible destructividad del maltrato durante la infancia no yace solo en el trauma de lo ocurrido, sino en la pérdida trágica de lo que no se ha ofrecido: un espacio protegido para el crecimiento psicológico».[22]

El psicoterapeuta Terry Real llama a esto «maltrato pasivo», y es prevalente en muchas familias donde falta la calidez, la afirmación y el cuidado emocional o intelectual. El desapego emocional, el distanciamiento y la falta de conexión pueden causar efectos dañinos en un niño o adolescente en crecimiento, pero esos efectos a menudo se pasan por alto. «Uno no recuerda el trauma —indica Real—. Lo revive.»

Gabor Maté llega incluso a afirmar que nuestros traumas tempranos «dictan gran parte de nuestra conducta, moldean nuestros hábitos sociales e informan nuestras formas de pensar el mundo». Esto concuerda con lo que sabemos sobre cómo los traumas afectan el desarrollo y cómo funcionan las personas adultas.[23]

Bessel van der Kolk, autor de *El cuerpo lleva la cuenta*, profundiza en el impacto de los traumas. Declara que «hemos aprendido que un trauma no es solo un evento que tuvo lugar en algún momento del pasado; también es la huella que esa vivencia ha dejado en la mente, el cerebro y el cuerpo. Esta huella tiene consecuencias persistentes en la manera en la que el organismo humano consigue

---

21. Freud, Sigmund (1922), *Beyond the Pleasure Principle*, trad. C. J. M. Hubback, The International Psycho-Analytical Press, Londres, p.30.

22. Bader, *Arousal*, p.37.

23. Maté, Gabor, y Maté, Daniel (2022), *The Myth of Normal: Trauma, Illness, and Healing in a Toxic Culture*, Avery/Penguin Random House, Nueva York, p.20.

sobrevivir en el presente. Los traumas resultan en una reorganización fundamental del modo en el que la mente y el cerebro gestionan las percepciones. Cambian no solo cómo y en qué pensamos, sino también la misma capacidad de pensar».

Sin ninguna duda, los traumas sufridos durante la infancia y la adolescencia definirán la manera de lidiar con los desafíos a los que te enfrentes más adelante durante la edad adulta e incluso durante el resto de tu vida. El marco creado por el trauma tendrá especial relevancia en las relaciones de pareja en la edad adulta, ya que su estructura y su crucial importancia en nuestra vida trazan un paralelo directo con nuestras relaciones de apego más tempranas. Es por eso que hay quienes dicen que todas las relaciones se forman, en parte, por quienes somos o queremos ser como resultado de nuestros traumas.

Peter Levine, conocido por abordar el trauma a través de su método *Somatic Experiencing* («Experiencia Somática»), se refiere al impacto de los traumas como «la tiranía del pasado». A continuación, explica que un trauma «puede alterar el equilibrio biológico, psicológico y social de una persona hasta tal punto que el recuerdo de un evento en particular llega a teñir y dominar todas las demás vivencias, arruinando la apreciación del momento presente».[24]

Quizás nuestra pareja se despide de nosotros usando cierto tono de voz y nosotros creemos que está a punto de dejarnos. Quizás olvida responder un mensaje de texto y nosotros pensamos que lo peor está por suceder. Quizás no quiera tener sexo, y lo sentimos como un rechazo absoluto de todo lo que somos, por más que el día anterior hayamos tenido sexo durante cinco horas. Todas esas cosas pueden considerarse disparadores y, ante la presencia de estos detonantes, hay algo del momento que se tiñe con tonos del pasado, y es como si nos atascáramos y solo pudiéramos ver la realidad presente a través de la lente de los miedos de nuestro pasado. Entonces reaccionamos de la misma

24. Real, Terry (2022), *Us: Getting Past You and Me to Build a More Loving Relationship*, Rodale/Penguin Random House, Nueva York, p.28.

manera en la que lo hacíamos durante la infancia. Tal vez nos deprimimos, nos encerramos en nosotros mismos, nos aislamos o nos abocamos a una espiral descendente de desesperación. Quizás incluso nos desregulamos y tenemos la sensación de perder el control. Podemos obsesionarnos y entrar en un estado de hipervigilancia y preocupación. Por otro lado, algunas personas quizás reaccionen a un disparador de la manera opuesta a como lo hacían de pequeñas y conviertan esos sentimientos de impotencia en agresión o ira. El mensaje subyacente, sea cual sea la respuesta, es el mismo: necesito defenderme y protegerme. Con el paso del tiempo, estas reacciones se arraigan y, en consecuencia, moldean nuestras percepciones y vivencias incluso ya bien entrada la edad adulta.

Las estrategias psicoterapéuticas nos han ofrecido un nuevo lenguaje con el que entender mejor los traumas, los disparadores emocionales y los tipos de conflicto. Los «estilos de apego» se han colocado en el centro de la discusión sobre las relaciones. La idea del «niño interior» y el trabajo de reparentalización (*reparenting*), cuya meta es que los individuos se ofrezcan a sí mismos el amor y el cuidado que estuvo ausente en la infancia, también se han vuelto muy populares. Y el modelo de terapia de los «sistemas de la familia interna» (conocido por sus siglas en inglés, IFC) considera al yo como si estuviera compuesto de un equipo, como si una familia viviera dentro de ti, cada miembro con su propio papel, sus propias vivencias emocionales y sus propias estrategias de afrontamiento. Otro enfoque que no lleva nombre divide nuestra reactividad en dos grupos: niño adaptativo y adulto competente.

Por más que me gusten todas estas teorías, no creo que se pueda depender solo de una, ya que todas ofrecen conocimientos valiosos. Integrarlas junto a ideas de otros campos, como la sociología y los estudios culturales, nos ofrecerá un entendimiento mucho más completo de la naturaleza compleja de nuestras experiencias relacionales. [25]

---

25. Real, *Us*, p.28.

Pero simplifiquemos las cosas.

Cuando iniciamos una relación, nos volvemos fundamentalmente dependientes de la otra persona. En ese espacio hay mucho que perder. Es arriesgado y nos encontramos en una posición de vulnerabilidad. Esa dependencia se asemeja al apego y a la relación que teníamos con nuestros primeros cuidadores. Como resultado, los potentes disparadores emocionales de nuestro presente estarán profundamente arraigados en nuestra historia.

La forma en la que respondemos a esos desencadenantes emocionales nos da una información valiosa sobre nuestras vivencias pasadas y la manera en la que moldearon la persona que somos. Piensa en el disparador como en una revelación, una oportunidad de recordar o aprender algo importante sobre ti que antes se encontraba oculto.

Algo importante que debes aprender es lo siguiente: puede que nuestra reacción a los disparadores nos haya funcionado en el pasado, pero es probable que no nos sirva en el presente. Cuanto más conscientes seamos de esto, más capaces seremos de abordar nuestras preocupaciones, cumplir con nuestras necesidades y sentirnos satisfechos. Todos los traumas son relacionales y moldean todas las experiencias vinculadas a la conexión, la intimidad y la confianza que tengamos a partir de ese momento. Estas vivencias se convierten en el modelo que guía cómo interactuamos con los demás y cómo nos entendemos a nosotros mismos.

La recreación

Todas las relaciones (ya sean con un amante, una pareja a largo plazo, un amigo o un colega de trabajo) tienen su propia danza, que toma forma en el presente y se origina en la infancia. El amor, la comunicación, la autoestima, las inseguridades y la evitación de conflictos son cosas que se aprenden y se repiten. No importa si estamos en nuestra primera cita o celebrando nuestro vigésimo aniversario, pues todos recreamos, repetimos y buscamos lo que nos resulta familiar.

Evita ver esta recreación a través de una lente negativa. Muchas personas se desesperan y hablan de «patrones dañinos», pero los patrones no son más que recreaciones que nos ofrecen la oportunidad de repetir y sanar. Y cada vez podemos tomar una decisión más saludable. Si es que te abres a ello.[26]

En las redes sociales no se habla tanto del concepto de *recreación* como del trauma o de los disparadores emocionales (*triggers*), pero es igual de importante. (Presta atención: esto transformará la manera en la que piensas en ti mismo y en todas tus relaciones.) Una recreación es un proceso inconsciente a través del que repites patrones, dinámicas o problemas no resueltos. Cada recreación implica diferentes grados de repetición de roles, emociones, pensamientos y comportamientos conocidos que han conducido a toda una variedad de dinámicas relacionales. Estas dinámicas tienen un impacto en cuestiones que van desde la comunicación hasta los patrones de apego, los comportamientos de búsqueda del amor, la seguridad e incluso las preferencias sexuales. Las recreaciones son normales y deberíamos contar con que ocurran. Sigmund Freud acuñó el término «compulsión de repetición», que sugiere que las recreaciones son intentos por dominar o resolver nuestros problemas de la infancia no resueltos.[27]

Lamentablemente, no existe hisopado nasal ni análisis de sangre que nos indique con exactitud por qué recreamos ciertos patrones en nuestra vida. Pero entender el porqué es tan crucial como ser consciente del patrón en primera instancia. Al ser más conscientes de ellos, podemos evitar los que nos conduzcan a la desconexión y a otros resultados negativos.[28]

Las recreaciones se encuentran tan en el fondo de las dinámicas relacionales (y pueden estar tan ocultas en ellas) que pueden crear el contexto para la mayoría de nuestras relaciones sin que nos

---

26. Real, *Us*, p.7.

27. Maté y Maté, *The Myth of Normal*, p.16.

28. Van der Kolk, Bessel (2014), *The Body Keeps the Score: Brain, Mind, and Body in the Healing of Trauma*, Viking, Nueva York, p.21.

demos cuenta. La persona con la que salimos o de quien estamos locamente enamorados puede provocar sentimientos terminales de decepción, abandono, rechazo o juicios crueles. Existe a la vez una dinámica relacional muy real a la que respondemos en el presente (por lo general) y una recreación de una dinámica anterior y temprana.[29]

«No tengo problemas con nadie más»

Esto es lo que mis clientes me dicen sobre los desafíos a los que se enfrentan con su pareja. Y eso es lo que Alex me decía a mí. Yo siempre respondía: «¡Claro que la persona con la que tienes los mayores desafíos es tu pareja!».

Nuestra pareja desempeña un papel muy importante, a menudo central, en nuestra vida. Es posible que vivamos con ella, que dependamos de ella y que compartamos cosas que no compartimos con nadie más. Es por eso que los defectos de nuestra pareja nos afectan de un modo que no es comparable a lo que ocurre con el resto de la gente. Si un amigo nos decepciona, quizás nos resulte más fácil superarlo, pero si nuestra pareja nos decepciona, quizás empecemos a repensar toda la relación. Solo las relaciones de pareja adultas reflejan de manera directa las relaciones de apego tempranas. Por eso presentan problemas similares.

Cosas que todos hacemos de forma extraordinaria

- Elegimos e incluso buscamos activamente a parejas que nos quieran de una forma que nos resulte familiar. Sí, la persona con la que sales simboliza, de una u otra manera, tus vivencias de la infancia.
- Cocreamos una dinámica que se asemeja a la recreación de nuestras primeras experiencias y que nos dejará con una sensación muy familiar.

---

29. Levine, *Trauma and Memory*.

- Sentimos que tenemos derecho a que nuestra pareja nos ofrezca toda una variedad de cosas para alejar esos sentimientos.

A mi parecer, cada recreación es una oportunidad inconsciente de recuperar el control de algo que alguna vez fue doloroso, intolerable, o estuvo ausente. Se trata de ganar poder, pero no respecto a esa cosa, sino dentro de nosotros. Al recrear un patrón pasado, inconscientemente creamos una dinámica que nos permite hacer algo diferente y transformarnos.

En última instancia somos nosotros quienes estamos al volante. Decidimos cuánto aceptar y cuándo es necesario retirarnos. De hecho, nosotros somos quienes coescribimos el guion relacional. Si quisiéramos hacer algún cambio o editarlo, podemos hacerlo. Si estamos saliendo con alguien que es pésimo escribiendo mensajes de texto, o no se esfuerza tanto como nosotros en programar citas, podemos exigir más o decidir terminar la relación.

La forma de lidiar con estas cuestiones de la infancia en el contexto de nuestras relaciones como adultos es cambiando quiénes somos. Esta es la clave: debemos estar abiertos a la idea. A la mayoría de la gente le resulta difícil porque han creado una serie de defensas mentales para evitar afrontar pérdidas pasadas. Esto es lo que los psicoterapeutas llamamos «resistencia».

Mis clientes siempre quieren saber esto: «¿Se trata de mi pareja o de mi pasado?». Y la respuesta es que se trata de ambos. Es una combinación de tus problemas de la infancia y de tu pareja. No cometas el error de reducir la complejidad de la forma en la que tú y tu pareja interactuáis a solo una cosa o persona. Siempre hay algo más.

Alex y yo: cuando el amor es un disparador

Con Alex me estaba enfrentando a una serie de disparadores emocionales y ni siquiera lo sabía (o no quería admitirlo).

En momentos de detonación emocional, puede ser útil hacer listas para identificar patrones. Cuando tienes una lista escrita punto por punto, el inconsciente se vuelve consciente. Como la mayoría de nuestros pensamientos y sentimientos son complejos, es importante echarles un vistazo cuando emergen. No es necesario que analices cada una de las variaciones de tus pensamientos y sentimientos, pero debes ser consciente de que siempre hay una historia detrás de la conciencia que tienes en el aquí y ahora.

Mis respuestas a los disparadores

- Retraimiento
- Silencio
- Repulsión y desprecio
- Retirada a mi mundo interior
- Disociación

Fíjate cómo todas estas respuestas protectoras denotan la presencia de un niño asustado que hace todo lo que puede por ocultarse. Transmiten la sensación inconsciente de que «temo que si digo algo, me castigarán, me abandonarán o me rechazarán».

A nivel inconsciente, mi cuerpo estaba diciendo: «Tengo miedo».

Mis reacciones no eran participativas, asertivas ni productivas. No mostraban ningún tipo de indicio de que yo estuviera emocional o físicamente presente, de que fuera un adulto que tuviera la situación bajo control. No luché. No hice comentarios. No critiqué. Lo único que hice fue retirarme a un mundo interno que era seguro, controlable y desconectado a un nivel fundamental. En otras palabras, me había apartado de la realidad por completo.

Esta disociación se veía causada por la misma sensación de impotencia y desesperanza que había aprendido durante la infancia. En mi niñez no se me alentó ni se me permitió tomar mis propias decisiones. Al ser el hijo menor, mis opiniones y experiencias eran recibidas a menudo con críticas por el resto de la familia, lo cual socavaba mi autonomía y la seguridad en mí mismo. La percepción que tenían de mí era que sabía muy poco, que no se me podía tomar en serio y que era alguien a quien echar la culpa. En consecuencia, acabé interiorizando ese papel y tuve muchas dificultades para confiar en mi propio juicio y en mi capacidad de tomar decisiones, y permanecí en un estado de parálisis silenciosa. Eso era particularmente evidente en la forma en la que me retraía de Alex; era en ese retraimiento que me silenciaba, tal como había aprendido a hacerlo durante la infancia.

El silencio, creía yo, era el lugar más seguro en el que podía estar.

Mis miedos presentes se basaban en las (notables) conjeturas acerca de quién era Alex. Mi problema principal era su falta de profundidad psicológica; tendía poco al autoconocimiento y la introspección, lo que a su vez era una barrera en la comunicación y el entendimiento. Al menos así es como lo veía yo. Nunca nadie en mi familia había compartido sus sentimientos. En lugar de eso, los representaban con sus conductas, tal como hacía Alex. Usaban un cambio en el tono de voz, se retraían, gritaban, se distanciaban emocionalmente y empleaban expresiones pasivo-agresivas de «estoy furioso»... cuando en realidad lo que querían comunicar (y lo que les habría sido imposible expresar) era «estoy triste».

A veces, la forma de hablar de Alex era un disparador para mí. Había momentos en los que elevaba el tono de voz; no era que me estuviera gritando a mí, sino que se ponía nervioso con facilidad, conmigo o con otras cosas... y eso era demasiado para mí. Mi respuesta era quedarme allí sentado con una sensación de repulsión. Ni siquiera me daba cuenta de que eso era lo que yo estaba haciendo. Pero mis reacciones siempre me conducían por el camino de la desconexión y la soledad.

Centrarse en el disparador, en el aquí y el ahora, es fácil; pero te servirá más si, en lugar de eso, piensas en el resultado de tu respuesta a ese disparador. El resultado de mi retraimiento, fuera cual fuera su razón, era la soledad; cuando me desconectaba, también excluía a Alex, lo que no hacía más que agudizar mi soledad y entristecerme. Era una recreación y era lo único que sabía hacer.

En definitiva, estaba ansioso, al igual que tú, por la viabilidad a largo plazo de nuestra relación. ¿Me veía junto a Alex para siempre? Yo quería tener hijos e intentaba visualizar cómo sería lidiar con conflictos relacionados con la crianza junto a Alex. De inmediato escuché las sirenas de alarma. Vi una repetición de las discusiones que mis padres tenían sobre sus opuestos estilos de crianza. Nos vi a Alex y a mí haciendo lo mismo que ellos habían hecho. Y de ninguna manera quería obligar a un niño a vivir eso. «Otra vez eso no», decía mi inconsciente.

Como dice la psicóloga lacaniana Annie Rogers en su libro *The Unsayable* («Lo indecible»): «El inconsciente insiste, repite y prácticamente derriba la puerta para hacerse oír». Mi mente inconsciente me hablaba a gritos... pero lo hacía con una narrativa compleja que yo no estaba escuchando. [30]

Mi aislamiento se había visto disparado por una narrativa consciente que era algo así: «No tiene remedio. No quiero estar con alguien que no puede controlarse a sí mismo ni comunicarse como un adulto». De lo que no me daba cuenta en el momento era que esa narrativa de desprecio era también una forma de hipervigilancia que me mantenía alerta a posibles peligros, daños o pérdidas. Si hubiera tenido la capacidad de entender y tener pensamientos complejos durante la infancia, esas son las mismas palabras que habría usado para describir la experiencia amenazante y nociva que tuve con mi familia.

Entender este concepto es fundamental. De adultos tenemos un entendimiento más amplio, más conocimiento emocional y un mayor nivel de conciencia que de niños. A menudo, lo que le decimos a nuestra pareja es lo que desearíamos haber podido expresar a nuestros padres o cuidadores cuando éramos

---

30. Rogers, Annie G. (2006), *The Unsayable: The Hidden Language of Trauma*, Random House, Nueva York, p.298.

jóvenes, pero nunca nos sentimos lo suficientemente seguros para hacerlo.

Toda la personalidad de mi padre se reducía a una enorme rabieta agresiva. De niño, eso me parecía aterrador. Si pudiera regresar a la infancia y reaccionar ante él, dotado de mis conocimientos y emociones, en lugar de como lo hice en realidad, le diría: «No quiero un padre que no pueda controlar su ira. No me siento seguro cuando estás enfadado».

En mi relación con Alex, yo estaba detectando diferencias importantes que tenían que hablarse y negociarse para poder resolverlas, o bien para tolerarlas y aceptarlas. Sin embargo, ante los disparadores emocionales, mi mente creaba una estrategia defensiva que eliminaba mi capacidad de interactuar y, en consecuencia, eso tuvo un impacto profundo en la relación. En un sentido moral, yo sentía que lo que pensaba era lo «correcto», una palabra horrible en el ámbito de las relaciones. Porque si yo estaba en lo correcto, entonces Alex se equivocaba. Sentir que lo que yo creía era lo correcto era la única forma en la que podía sentirme seguro y poderoso. Si Alex era malo, entonces yo era bueno. Otro enfoque terriblemente inefectivo para propiciar el cambio relacional y un estilo de superioridad moral que veo en la mayoría de las parejas a las que atiendo.

Desde luego, en ese entonces no era consciente de esos pensamientos ni de lo que en realidad estaba sucediendo. Solo tras años de reflexión conseguí entenderlo mejor. Mi silencio reflejaba las muchas formas en las que había luchado por sentirme poderoso, seguro y lo suficientemente a salvo para presionar, desafiar y enfrentarme, de maneras productivas, y así provocar una reacción diferente en Alex. Respondí a la ira de mi padre retrayéndome y sintiendo que no tenía poder porque hablar con él no era una opción; de haberlo hecho, su ira habría crecido, yo habría recibido un castigo y me habría sentido rechazado y solo. De niño, esa fue una conducta adaptativa que garantizaba mi seguridad, pero de adulto, sobre todo en mi relación con Alex, la situación era completamente diferente; decir lo que creía y expresarme no era solo seguro, sino esencial. Pero flaqueé porque estaba ante un disparador, y todo lo que hacía se veía influido por las respuestas que había aprendido a través de mis traumas de la infancia.

No podía hacer nada con respecto a lo horrible que fue mi familia. Simplemente, no me entendían y me trataban como si hablara en otro idioma. Pronto aprendí que hacer frente o responder a ese maltrato no haría más que reforzar la postura violenta de mi padre. Él gritaría más fuerte y, al final, yo tendría que disculparme con él.

Su frase más famosa era: «Yo soy el dictador y tú tienes que hacerme caso». No es broma; con frecuencia se refería a sí mismo como el dictador de la familia sin ser consciente de lo ridículo que sonaba. Y nadie decía nada que lo contradijera. No había forma de cambiarlo.

Mi madre solo me decía que me quedara callado. «Es un hombre enfermo», señalaba. Y lo era. Mis hermanos me decían que debía soportar esa situación y ya. El mensaje estaba claro: quédate callado, acepta el maltrato y espera hasta que puedas marcharte. Así que, durante años, seguí las reglas. Cuando él me gritaba, yo desconectaba, me disociaba y esperaba a que terminara.

Y más tarde hice exactamente lo mismo con Alex en respuesta a mi propia insatisfacción. Durante años, no le hice frente, ni lo presioné, ni intenté cambiar la relación. Yo no dejaba de hablar del tema con todo el mundo: con amigos, con familiares, con mi psicoterapeuta y con mi diario. Pero con la única persona con la que no lo hablaba era Alex. No le contaba mi ansiedad, ni cómo mi satisfacción se había ido en picado. Estaba convencido de que él tenía una capacidad limitada para procesar ese tipo de información y trabajar en algunas cosas. Lo cierto era que yo también tenía una capacidad limitada para el cambio. Mi aislamiento era el síntoma propio de un niño interior asustado que sentía que no tenía poder. Yo tampoco estaba dispuesto a cambiar, y mi expectativa de que tenía que ser él quien debía hacerlo era muy poco realista.

Ambos teníamos nuestros límites. Ambos estábamos recreando dinámicas de nuestra infancia. Lamentablemente, ninguno de los dos era capaz de comunicar esto de manera efectiva o incluso de entenderlo.

El amor había sido un disparador para mí. Sentía que le faltaba algo, y no sabía qué más hacer aparte de sentir que nada tenía remedio. Durante ese período, Derek me proporcionó los conocimientos y las herramientas que yo necesitaba, pero aun así no hice nada para intentar cambiar la situación. La ansiedad me paralizaba. No quería terminar la relación; amaba a Alex. Pero tampoco quería necesariamente quedarme en esa relación, porque albergaba pocas esperanzas de que algo fuera a cambiar alguna vez. El disparador me provocaba de tal manera que no solo era incapaz de diferenciar ese detonante de la realidad, sino que también me costaba cada vez más aceptar a Alex tal como era o disfrutar de las buenas cualidades que tenía que ofrecer.

Derek intentó desviar la conversación de mi percepción de las limitaciones de Alex a mi historia familiar. No me gustó para nada. No quería mirarme a mí mismo. Alex había sido un disparador y yo sentía que tenía todo el derecho a sentirme como lo hacía. Y mis reacciones sí eran válidas: Alex sí tenía limitaciones. Mis experiencias sí eran reales. Sin embargo, mis reacciones a sus defectos estaban distorsionando la percepción que tenía de él, de mí y, a decir verdad, del mundo entero y del universo.

Sin ninguna duda, esta influencia agobiante no se debía solo a que Alex no comunicara sus emociones de forma directa…

Lo que es importante recordar aquí es que, cuando hay un conflicto, siempre es cosa de dos. Tanto de ti como de tu pareja. Quizás suene un poco raro, pero esa es la única certeza que tenemos. Sí, podemos hacerlo lo mejor posible para entendernos a nosotros mismos y compartir eso con nuestra pareja. Pero incluso entonces siempre habrá un grado de incertidumbre en cualquier relación. Este factor desconocido no solo es parte de las relaciones, sino que, en realidad, es algo que las define.

El prolífico investigador John Gottman escribió muy astutamente: «Nadie tiene razón. No hay ninguna realidad absoluta en los conflictos maritales, solo dos realidades subjetivas». De modo similar, Terry Real subraya este punto al decir que «no hay lugar para la realidad objetiva en las relaciones personales». Tanto Real como Gottman mencionan un punto crucial que debemos aceptar si queremos participar de relaciones sanas y compasivas. Real continúa diciendo: «Nunca se trata de que dos personas lleguen a una verdad única, sino de negociar realidades subjetivas que difieren».

Lo cierto es que no hay lugar para la «verdad» o lo «correcto» en una relación. Las dinámicas relacionales producen emociones. Y las emociones no son correctas ni incorrectas. Son una cuestión de comprensión y significado. Representan una historia.[31]

Mi desconexión con Alex era una respuesta directa a cosas muy reales; no me estaba inventando nada.

La mayoría de nosotros tenemos reacciones o respuestas a dinámicas muy reales dentro de nuestras relaciones. Aunque esa reacción sea ansiedad, disociación, depresión o cualquier otra respuesta emocional o defensiva, se trata de una reacción responsiva. Algo en el presente ha disparado esa respuesta. No es una alucinación; es algo que sí está sucediendo. Pero el poder o la magnitud de las emociones que sentimos no tienen que ver con nuestra pareja. Si bien puede ser que tu pareja haya sido el disparador, la respuesta emocional es solo responsabilidad tuya.

Lo más macabro de todo esto es que, a menudo, la forma en la que respondemos a las decepciones reales acaba provocando aún más decepciones. Una vez más, provocamos la reacción que intentamos evitar. Por ejemplo, la mayoría de las personas responden a la decepción de una manera crítica o incluso denigrante. «No has hecho X por mí y eso demuestra que eres lo peor» es

---

31. Gottman, John, y Silver, Nan (1999), *Seven Principles for Making Marriage Work*, Harmony Books, Nueva York, p.157.

una respuesta que haría que cualquiera se pusiera a la defensiva o quisiera huir.[32]

Una salvedad importante

Nos venden que hay muchas cosas que tienen que ver con la infancia. Sí y no. Como de costumbre, la cuestión es mucho más compleja. Aquí interviene lo que ha ocurrido, lo que no ha ocurrido y lo que más adelante impidió la sanación. Se trata de mecanismos de defensa que desarrollamos para enfrentarnos a los traumas y a los que luego nos aferramos como si fueran nuestro sistema de valores para evitar el peligro. Debemos llevar a cabo la titánica tarea de sostener múltiples verdades a la vez sin dejar de sentir empatía tanto por nuestra pareja como por nosotros. Es por eso que decimos que las relaciones requieren esfuerzo.

A veces, nosotros (o nuestra pareja) nos comportamos como idiotas. A veces, nosotros (o nuestra pareja) sufrimos un verdadero maltrato. Incluso si el comportamiento de nuestra pareja provoca una reactividad emocional en nosotros, eso no es motivo para no reaccionar. Reacciona, gana terreno si es que te maltratan, y luego reflexiona e intenta entender lo que sucedió una vez que haya ocurrido.

No todos los disparadores son malos. Algunos ayudan a sanar.

Una experiencia emocional correctiva es aquella que existe en el presente y nos ayuda a contrarrestar e incluso redefinir las creencias y emociones que se originaron a raíz de traumas pasados. Es una oportunidad para reformular y sanar. El concepto de experiencia emocional correctiva se aborda a menudo en el contexto de la relación con un psicoterapeuta. Yo creo que es aplicable a cualquier relación, sobre todo a las relaciones de pareja en la edad adulta. En mis recuerdos, hay una experiencia correctiva con Alex que sobresale entre las demás.

---

32. Real, *Us*, p.44.

Hubo un período en el que Alex y yo compartimos un coche, el suyo. Un día, cuando habíamos salido a mirar antigüedades, saqué el coche de donde estaba aparcado y golpeé un poste. El guardabarros delantero se cayó. Yo entré en estado de pánico. Estaba convencido de que Alex me gritaría, de que no dejaría de recordármelo y de hacer comentarios pasivo-agresivos durante meses, pero… no parecía haberse molestado.

No le creí y me disculpé muchas veces… una y otra vez, durante el resto del día.

Dejé a Alex en casa y me fui a toda prisa a «hacer algunos recados». En una tienda de repuestos de coche compré adhesivo, pintura para coches y otros artículos cuyo nombre no te podría decir. (¡No doy crédito a que creyera que yo podía reparar un coche! ¡Eso sí que es lucha o huida!). Al regresar a casa, me puse con el guardabarros despegado durante unos treinta minutos en el garaje. Cuando Alex entró, me encontró de rodillas, sudando y en medio de una crisis.

—¡Cariño! ¿Qué haces? ¿Qué ocurre? Está todo bien.

Yo no estaba convencido.

—No está bien. Es importante. Te he jodido tu coche.

—Todd, de verdad que no me importa. Lo llevaremos a un taller, lo arreglarán y ya está. Estas cosas pasan. Además, ¿apenas puedes cambiar una bombilla y ahora de pronto sabes cómo reparar un guardabarros? —Soltó una risa dulce y me levantó para que estuviéramos a la misma altura. Me besó, me abrazó y dijo—: Está todo bieeeen, ¿de acuerdo?

Y entonces tuvimos sexo sobre el capó del coche (lo que probablemente causó más abolladuras).

Cuando yo era joven, mi padre me gritaba y me castigaba por todos mis errores, desde romper un vaso o hacer rebosar el retrete hasta aquella vez que realmente destrocé el coche de mis padres. Y cuando ocurrió aquello con el coche de Alex, mi cuerpo entero pensó que Alex haría lo mismo.

No cabe ninguna duda de que nuestros disparadores pueden causar conflictos reactivos. Pero también pueden enseñarnos cosas importantes. En ese momento estaba convencido de que Alex iba a reaccionar de la misma manera en la que lo había hecho mi padre: gritándome, lastimándome y, básicamente, rechazándome o abandonándome. Pero no lo hizo. Esta es una de las formas en las que podemos sanar en el contexto de una relación adulta segura.

Cuando experimentamos cosas que desafían nuestros miedos, nuestro cerebro crea nuevas vías neurales, lo cual es una forma poderosa y efectiva de fomentar la sanación. La exposición repetida a estas experiencias reparadoras genera un cambio. Tras lo ocurrido con el guardabarros, ya no temí las consecuencias (el maltrato) de romper cosas.[33]

A la mayoría de las personas que han tenido una infancia difícil les cuesta recibir amor y cuidados especiales de adultos. Sé que eso me ocurría a mí. Y fue algo importante que aprendí estando con Alex. Aprendí a recibir amor incluso cuando había hecho algo mal.

Los disparadores nos enseñan sobre nosotros mismos; nos indican dónde están nuestros puntos débiles, en qué situación podríamos darnos algo de amor o pedírselo a nuestra pareja.

Denise y Sam: trauma doble

Denise, una mujer cisgénero, canadiense-estadounidense, bisexual, y de treinta y nueve años, y Sam, un hombre blanco, cisgénero y heterosexual, de cuarenta y cuatro años, fueron mis clientes durante dos años. A pesar de haber estado juntos durante casi una década, tanto Denise como Sam habían experimentado maltratos y traumas significativos durante la infancia y la adolescencia. Si bien era desgarrador escuchar sus vivencias pasadas, lo que más llamó mi atención fue la impresionante resiliencia y la verdadera preocupación que demostraban el uno por el otro durante nuestras sesiones.

---

33. Alexander, Franz, y Morton French, Thomas (1946), *Psychoanalytic Therapy: Principles and Application*, Ronald Press, Nueva York, p.66.

En tanto que psicoterapeutas, es nuestra responsabilidad estar en sintonía con esas dinámicas. Lo que ocurre dentro de las sesiones suele ser lo que ocurre fuera de ellas, y algunas de las personas que se sientan frente a mí son activamente crueles con su pareja. Pero entre Denise y Sam sentí una conexión profunda y afectuosa. Aun así, por más que demostraban cariño y compasión, también estaban desconectados hasta el punto de la disociación. Sus traumas pasados continuaban atormentándolos (como suele ocurrir) y eso evitaba que aceptaran o se sintieran a gusto con el amor y la calidez que ya existía en su relación.

Sin ninguna duda, Denise y Sam se habían enfrentado a desafíos únicos, pero lo que hacía que la situación fuera mucho más difícil era la manera en la que respondían a los disparadores, lo que en última instancia creaba un ciclo de provocación mutua. Cada vez que Denise se enfrentaba a un disparador, se retraía, se callaba y se disociaba del entorno, creando una desconexión prácticamente total. Su cuerpo entraba en modo supervivencia y se preparaba para huir. Cuando ella se distanciaba, Sam se sentía abandonado (como le había ocurrido en la infancia), ansioso y resentido. Esto lo impulsaba a buscar la atención y el consuelo de Denise. No era que no respetara los límites de Denise, sino que su propia desregulación hacía que le fuera difícil controlar ese comportamiento y reconocer que Denise necesitaba espacio en lugar de sentirse perseguida. Lamentablemente, la incapacidad de ambos para regular las emociones no hacía más que empeorar la situación; tras un conflicto les resultaba difícil arreglar la situación, practicar sexo o incluso planear salidas divertidas juntos. Parecía que cada uno estaba atascado en la posición defensiva que habían aprendido en la infancia para afrontar los traumas.

Durante las sesiones de terapia, dedicamos una gran parte del tiempo a explorar y procesar sus traumas, priorizando a la vez el desarrollo de la empatía y el entendimiento en ambos. Es crucial que cada parte tenga un entendimiento básico de los disparadores y traumas de su pareja para evitar cualquier mina emocional en la relación. En el caso de Denise y Sam, una vez procesados los traumas del pasado de cada uno, volcamos nuestra atención en crear una narrativa que los ayudara a entender el pasado y explorar maneras de avanzar en el presente.

Sin embargo, su reactividad emocional a menudo entorpecía la capacidad de ambos de apreciar los aspectos positivos de la relación, lo que suponía un importante obstáculo para su avance. Ni Denise ni Sam habían podido hasta entonces sentirse relajados en una relación, y menos recibir amor sin temor al maltrato. Darse cuenta de eso fue un punto de inflexión para ambos. A partir de entonces comenzaron a crear un entorno amable y afectuoso para ambos, algo que necesitaban con urgencia para sanar de los traumas pasados. Al permitirse recibir amor y confiar en los aspectos positivos de su relación, por fin pudieron comenzar el proceso de sanación.

Al igual que en el caso de Denise y Sam, a muchos nos puede parecer extraña, e incluso un poco perturbadora, la idea de sentirnos emocionalmente seguros y a salvo en una relación íntima. De niño aprendí a asociar la decepción con amenazas o con riesgo, y esas experiencias siguen condicionando cómo entiendo las relaciones. Ya sea que se trate del miedo al abandono, el dolor del rechazo o el trauma del maltrato, todas esas vivencias pueden disparar respuestas defensivas en nosotros, incluso aunque estemos ante una pareja afectuosa que nos apoya. Si bien es importante procesar nuestros traumas y nuestro dolor, a menudo pasamos por alto la importancia de avanzar hacia el placer, la alegría y la conexión.

Recuperarse de un trauma no es solo cuestión de procesarlo y hacer las paces con él. Se trata de aprender a volver a vivir sin miedo. Por eso es fundamental reconocer no solo lo que sí ha ocurrido durante el trauma, sino también lo que no. A menudo, lo que más nos cuesta aceptar es lo que no ha ocurrido (por ejemplo, que se potencie la seguridad y la confianza).

Muchas personas que han pasado por traumas a menudo quedan en un estado de alerta permanente. Prestamos mucha atención a esos miedos y a la hipervigilancia constante, que puede ser debilitante, pero no siempre prestamos suficiente atención a la necesidad de sentir placer, alegría, relajación y tranquilidad. Estas experiencias tranquilizadoras dan una sensación de seguridad. Y seguridad es lo que suele faltar cuando nos encontramos ante un trauma.

7. Cómo crecer

> Los seres humanos parecen tener una capacidad casi ilimitada para engañarse a sí mismos y convencerse de que sus propias mentiras son la verdad. [34]
>
> R.D. Laing

En medio de todas las complejidades de esta vida moderna, muchos de nosotros nos sentimos desconectados de nuestro yo interior; tememos y evitamos ser honestos con nosotros mismos, nos mostramos reacios a expresar nuestros pensamientos y nos preocupamos demasiado por la vida de los demás. No sabemos demasiado bien cuáles son nuestros deseos, nuestros objetivos y los medios para conseguirlos, lo que dificulta el camino hacia la realización personal. En lugar de eso, miramos hacia afuera (fijándonos en nuestra pareja, en nuestros familiares e incluso en desconocidos en internet) con la esperanza de hallar una motivación, un sentido de pertenencia y una aceptación que no hemos podido encontrar en nuestro interior. En esencia, buscamos que los demás nos salven. Sin embargo, detrás de esta búsqueda en el exterior yace una profunda sensación de estar a la deriva, de ser incapaz de aceptar por completo nuestro yo verdadero, así como un miedo constante a las consecuencias de mostrarnos vulnerables.

En la búsqueda de la aceptación y la realización personal, estas dinámicas pueden tener una gran influencia en nuestras relaciones. Estemos solteros, en la fase de citas, o en una relación seria, a menudo

34. Laing, R. D. (1967), *The Politics of Experience*, Pantheon Books, Nueva York, p.73.

nos quedamos absortos analizando a los demás en lugar de centrarnos en nosotros mismos. Hacemos preguntas como estas:

- ¿Por qué no ha respondido?
- ¿Por qué no puede lavar la ropa como se lo he pedido?
- ¿Por qué no puede expresar sus sentimientos más abiertamente?
- ¿Está perdiendo su interés en mí?
- ¿Todavía le atraigo?
- ¿Por qué está tan distante?
- ¿Me está ocultando algo?
- ¿Me rechazará si menciono esto en una conversación? ¿Debería siquiera mencionarlo?

Analizamos a los demás para evitar ser sinceros con nosotros mismos. Estos mecanismos de defensa nos ayudan a gestionar la ansiedad y los miedos, pero a su vez nos distanciamos sutilmente de nuestras vivencias personales, lo que nos permite esquivar o seguir reprimiendo la incomodidad implícita en las preguntas que tenemos sobre nuestra pareja. De este modo, nos encontramos atrapados en un ciclo de suposiciones, predicciones e intentos obsesivos por comprender a la otra persona, a la vez que evitamos cualquier diálogo genuino. Así nos sentimos más seguros, porque, al concentrarnos más que nada en los demás, evitamos tener que afrontar el dolor, la pena y la pérdida incrustada en nuestra propia psiquis.

Ignorarse, evitarse y reprimirse a uno mismo nunca acaba bien. Bessel van der Kolk afirma que «siempre que continúes guardando secretos y suprimiendo información, te encontrarás fundamentalmente en guerra contigo mismo… Lo importante es permitirte saber lo que sabes. Eso requiere una cantidad enorme de coraje». Van der Kolk toca un punto clave: la importancia de conocerse a uno mismo y reconocer cuál es la dura realidad para poder crecer. [35]

---

35. Van der Kolk, *The Body Keeps the Score*, p.235.

Todos desempeñamos un papel a la hora de definir las condiciones de nuestras relaciones. Incluso si ese papel es quedarse callado, ser pasivo o permanecer en la relación aunque nos sintamos profundamente insatisfechos, no deja de ser un papel. Sin embargo:

- Cuando evitamos los conflictos de forma crónica y ocultamos lo que realmente sentimos o nos preocupa, nuestro resentimiento no resuelto puede crecer hasta convertirse en algo más grande y menos controlable.
- Cuando expresamos nuestra decepción mediante la crítica, solemos provocar una postura defensiva y eso garantiza que nuestras necesidades no se cumplan.
- Cuando monopolizamos la conversación con nuestros propios pensamientos y sentimientos, sin darle lugar a nuestra pareja, acabamos alejando sin querer a la otra persona.
- Cuando nos quejamos de que nuestra pareja no expresa suficiente interés en nosotros, pero nos negamos a abrirnos nosotros mismos, nos volvemos invisibles.

Quizás no te encuentres en esas situaciones en concreto, pero te aseguro que todo el mundo influye en cómo se definen nuestras relaciones. Y que ni se te pase por la cabeza confundir eso con la culpa. Repito una vez más: todos tenemos defectos y somos imperfectos. Todos terminamos con una pareja que nos provoca, que hace que nos enfrentemos cara a cara con nuestros asuntos no resueltos. ¡Todo el mundo tiene problemas! ¡Afróntalos! ¡Hónralos! Ríete de ellos. Pero también entiéndelos.

Si tu meta es aumentar la satisfacción en tus relaciones en general y el bienestar cotidiano (y sí, esa es la meta), la mejor forma de conseguir el cambio es desde adentro. James Hollis afirma que «lo mejor que podemos hacer por nuestra relación con los otros… es tener una relación más consciente con nosotros mismos». De un modo similar, Stephen Levine y su esposa, la autora Ondrea Levine, señalan que «la distancia que tienes con tu dolor, tu duelo, tus heridas desatendidas, es la distancia que tienes con tu pareja». Sus palabras resaltan la importancia de fomentar una conexión consciente con nosotros mismos si queremos tener relaciones satisfactorias y conectadas.[36]

Pero todo esto es más fácil decirlo que hacerlo. Durante la primera sesión con una pareja, es posible que una o ambas partes expresen su deseo de que yo cambie a la otra persona. «Esta es mi pareja. Esto es todo lo que tiene de malo. Consigue que cambie o me voy.» Una persona culpa a la otra de sus emociones diciendo: «Me has hecho sentir ________».

De un modo similar, cuando trabajo con un solo cliente, una parte considerable de la sesión inicial suele estar dedicada a explorar la narrativa construida en torno a una pareja potencial, una narrativa basada en gran parte en las interpretaciones y suposiciones del cliente, extraídas de un par de citas o mensajes de texto. «No me respondió hasta cinco horas más tarde. Si le interesara, ¿no habría respondido antes?»

Estas dos quejas frecuentes pasan por alto una verdad fundamental de las relaciones: los sentimientos que emergen en nuestras interacciones son una reacción a una experiencia que se ha forjado con nuestra intervención. El foco no puede estar solo en la otra persona. En efecto, tu pareja no te «hace sentir» de cierta manera. Y si te frustra la falta de respuesta por parte de la persona con la que estás saliendo, el no hablar de ello con esa persona es una garantía para que nada cambie, por más que el cambio necesario sea una desvinculación.[37]

Estas estrategias son un reflejo de que se deja la responsabilidad por la felicidad personal en las manos equivocadas, ya que sugieren que nuestra satisfacción depende de otra persona. Lo que se suele esperar es que la otra persona cambie o nos ofrezca algo que nos haga sentir aceptados, mejor o más felices, o que

---

36. Hollis, *The Eden Project*, p.13.

37. Levine, Stephen y Levine, Ondrea (1995), *Embracing the Beloved: Relationship as a Path of Awakening*, Anchor Books, Nueva York, p.4.

mitigue nuestra incomodidad. Sin embargo, pocas personas reconocen su propia contribución a estas dinámicas poco gratificantes.

El hábito de culpar y despreciar, ya esté dirigido hacia adentro o hacia afuera, se convierte en un juego de suma cero en el que ambas partes acaban creyendo que no tienen poder.

Eso es lo que yo hice (¡uy!). Y es por eso que me sentía confundido y atrapado.

Todos pierden en el juego de la culpa

Estaba convencido de que todo era culpa de Alex. Para que yo fuera feliz, para que la relación mejorara, era él quien tenía cambiar.

Pero ¿y mi voz? ¿Por qué no la usaba?

Era joven, nunca había vivido solo y todavía estaba recuperándome de los horrores de mi infancia, que me habían enseñado a sentirme pequeño y sin poder. Cuando inicié esa relación, dejé que esta me definiera. Al principio funcionó. Pero con el paso del tiempo se hizo evidente que algo tenía que cambiar y yo, siendo un ángel perfecto, deduje que quien tenía que cambiar era Alex. No yo. Ni tampoco toda la estructura de nuestra relación. Ni el hecho de que nunca habláramos de verdad sobre nuestras necesidades y expectativas.

Estaba haciendo lo que hacen todas las personas que conozco que tienen pareja: dedicaba más tiempo a intentar cambiar a mi pareja que a cambiarme a mí mismo, y no por las limitaciones que tuviera Alex, sino por cómo interpretaba yo sus limitaciones, por la historia que me contaba a mí mismo de quién era él, de qué era lo que necesitaba yo y de por qué, si él no cambiaba, se vería perjudicado mi futuro, e incluso el de mis hijos aún inexistentes.

La perspectiva desde la que yo veía las cosas influía en el papel que yo asumía y en la postura que adoptaba con Alex. Era la misma postura física y emocional que había adoptado durante la infancia para afrontar y protegerme de la aterradora realidad en la que vivía. Pero cuanto más me retraía, más silencioso me volvía yo y más ignoraba Alex mis emociones... ¡Porque yo no las estaba compartiendo con él! Cuanto más le exigía a Alex, menos conciencia tenía él de qué era lo que debía esforzarse por darme. ¿Y cuál era el resultado? Lo has adivinado. Yo sentía que no me veía, que no me escuchaba, que era invisible.

Mi perspectiva en aquel momento era que si él no pensaba preguntarme algo al respecto, yo no lo iba a compartir con él. Y como él no preguntaba, eso quería decir que a él no le importaba de la manera en la que yo quería que le importara. Di por hecho que él debía saber que tenía que preguntar, que debía saber que tenía que hacer ciertas cosas y no otras. Para mí, si yo tenía que pedirle algo a él para obtenerlo, entonces eso no valía la pena. Pensaba que él debía simplemente dármelo sin que yo se lo pidiera. La realidad era que me sentía invisible porque yo me había hecho invisible a mí mismo. Proyectaba sobre Alex las expectativas y las decepciones no resueltas de mi infancia. Estaba buscando la validación, la aceptación y el cuidado que nunca había recibido de mis padres.

Deja de ser cruel contigo

Según mi experiencia con mis clientes, mis amigos y prácticamente toda la gente con la que me he cruzado, está claro que las personas no son solo un poco duras consigo mismas, sino que a veces pueden ser muy severas. Si queremos crecer, es crucial que abordemos esto de inmediato y nos tratemos con más compasión y amabilidad a nosotros mismos.

Puedes aceptar tu responsabilidad sin dejar de tenerte en alta estima. Puedes entender tus defectos sin dejar de hacer honor a tu propia humanidad. Admitir que has tenido un papel en tu relación es una fortaleza esencial.

Así que deja de ser cruel contigo. De niño, era un experto en machacarme a mí mismo. En mi infancia aprendí a ser inseguro y desarrollé una baja autoestima. Usaba cualquier error o defecto como un arma para reforzar esas creencias. Cuando le conté esto a Derek, su respuesta fue: «Todd, no vayas por ahí. No es cierto. El que está hablando es tu padre». Al cabo de un tiempo, comencé a responder a la voz negativa que tenía en la cabeza, diciéndome: «No vayas por ahí». Eso es lo que les digo a mis clientes y es lo que te digo a ti: no vayas por ahí. Es una pérdida de tiempo.

Si quieres avanzar y mejorar tu vida, no puedes ser cruel contigo mismo, jamás. (Sí, acabo de decir que hay algo que jamás debes hacer.) Todos cometemos errores. Y si alguna vez sientes vergüenza, pena o culpa, y estás convencido de que eres una persona horrible, entiende que lo que está hablando es tu trauma de la infancia. Así que, por el momento, no vayas por ahí, cariño. Eres una persona maravillosa e imperfecta. ¡Te doy la bienvenida al club!

Ahora es hora de volver a ser el poderoso adulto que eres hoy en día.

Si queremos tener un impacto positivo en nuestras relaciones, no podemos quedarnos sentados de brazos cruzados a la espera de que la otra persona inicie la conversación difícil, haga planes, responda los mensajes de texto o satisfaga todas nuestras necesidades. Esto es lo que significa ser poderoso y seguro, e invertir en tu capacidad innata de provocar cambios positivos en tus relaciones, algo que muchos de nosotros simplemente no fuimos capaces de hacer en la infancia.

Yo estaba convencido de que Alex era el problema. A él se le daba muy bien comunicarse, mantenerse en contacto y estar presente. Eso me encantaba. Pero al enfrentarse a un problema, no podía hablar de cómo se sentía porque tenía muy poco autoconocimiento. Era emocionalmente inmaduro… o al menos eso creía yo. Teníamos habilidades muy diferentes. Yo podía, y quería, comunicar activamente mis emociones, pero él siempre decía: «No soy uno de tus clientes» (mi padre solía decirme —no te miento—: «Deja de hablarme como si fueras un manual»). Era el mismo tipo de mensaje, o al menos así fue como yo lo recibí.

Derek siempre me decía «Alex habla en código». Y tenía razón. Alex no podía comunicar sus emociones como yo, pero sí las comunicaba de una u otra manera. Cuando me decía que él no era uno de mis clientes, lo que en realidad estaba diciendo era: «Siento que me estás juzgando o intentando cambiarme». Si bien es cierto que él podría haber aceptado la oportunidad de cambiar, también es cierto que lo que yo le transmitía eran puras críticas. Yo despreciaba las limitaciones emocionales de Alex. Y sí estaba intentando cambiarlo, ya que, desde mi punto de vista, él tenía que cambiar. Alex estaba captando esa crítica, pero no era capaz de responder de una forma productiva porque yo no la estaba comunicando de forma que se oyera.

Mi casa de naipes relacional se desmoronó porque yo estaba convencido de que Alex era el problema. La historia que me contaba a mí mismo sobre él me impedía explorar explicaciones alternativas. Me impedía ampliar mis miras más allá del sesgo que había definido mi experiencia subjetiva.

Es importante reconocer que las historias que nos contamos a nosotros mismos sobre nuestra pareja no tienen por qué estar basadas en la realidad, sino en nuestra percepción de la realidad. Pero nuestra percepción puede distorsionarse por nuestros propios traumas, inseguridades y miedos. Por eso la flexibilidad es tan importante en las relaciones. Tener la capacidad de cambiar nuestra perspectiva es una de las habilidades más importantes que podemos dominar para con nosotros mismos y nuestras relaciones.

Sin embargo, yo todavía no estaba abierto a esa idea. Estaba cerrado y me creía superior, convencido de que mi punto de vista era la verdad absoluta. Este tipo de pensamiento categórico, esa arrogancia es, sin ninguna duda, una señal de alarma. Si eres así, es hora de detenerte un momento.

Sin saberlo, me estaba autosaboteando. Mi falta de aceptación de mi responsabilidad hacía que sintiera que no tenía ningún poder para generar cambios en mi vida. Incluso si Alex hubiera cambiado, eso no habría supuesto ninguna diferencia, porque lo que yo quería de él era algo que solo yo podía darme. Necesitaba aceptar la responsabilidad de mi propia voluntad y crear el cambio que yo deseaba.

Esto es lo que implica la diferenciación.

Cuando «dos se convierten en uno»

La falta de diferenciación puede equipararse a la fusión, en la que dos individuos se convierten en uno. El psiquiatra Murray Bowen introdujo el concepto de diferenciación en la teoría de los sistemas familiares en la década de 1950, y más adelante fue refinado por el psicoterapeuta David Schnarch en la década de 1990. En su obra, Schnarch define la diferenciación como la capacidad de los individuos de estar de acuerdo (o no) con otro sin sentir que pierden el sentido del yo. Quienes están bien diferenciados pueden manejar desacuerdos sin sentir agobio, resentimiento o actuar de forma pasivo-agresiva. Estas personas pueden seguir conectadas a sus parejas incluso cuando hay grandes diferencias de opiniones o necesidades.

La diferenciación comienza en nuestra familia de origen durante la infancia y adolescencia, a medida que formamos nuestra propia identidad separada del resto de miembros de nuestra familia. Desarrollamos creencias, valores e intereses propios, que pueden ser diferentes de los de nuestros familiares. Lo ideal es que nuestros padres nos ayuden a lo largo de esta transformación. Que fomenten nuestra independencia, nos animen con sus palabras y actos, y nos apoyen mientras exploramos de forma segura ese nuevo sentido del yo en desarrollo. [38]

---

38. Bowen, Murray, y Kerr, M. E. (1988), *Family Evaluation: An Approach Based on Bowen Theory*, W. W. Norton, Nueva York; Schnarch, David (2012), *Passionate Marriage: Keeping Love and Intimacy Alive in Committed Relationships*, W. W. Norton, Nueva York.

En muchas familias, la realidad está muy alejada del ideal. En familias como la mía (y quizás la tuya), el cuidado y el apoyo físico y emocional a menudo existían a costa del sacrificio personal. La independencia y la autoexploración eran aspectos que se desalentaban o, en casos extremos, se castigaban severamente. Esta clase de crianza enseña al niño que la autoexpresión irá acompañada de una amenaza y, por lo tanto, no es algo seguro. En consecuencia, muchos de nosotros adoptamos una sensación de impotencia en las relaciones. Aprendemos que la seguridad radica en la conformidad y en el hecho de silenciar nuestra propia voz, en lugar de en ser nuestro yo auténtico y ser aceptados tal como somos. En la psicología popular, esta desconexión del propio yo se conoce como «pérdida del yo».

Schnarch usa una analogía que me encanta: la pareja diferenciada no va en un mismo bote, sino en dos botes diferentes que navegan por las aguas por separado, pero uno al lado del otro. En una pareja así, dice Schnarch, «se trata de ser cada vez más cercanos y distintos, en lugar de más distantes». Así pues, Schnarch argumenta (y yo también) que el enfoque ideal respecto a nuestra pareja concuerda con la perspectiva de Erich Fromm, que enfatiza lo siguiente: «Quiero que la persona amada crezca y se desenvuelva por su propio bien y a su propio modo, no con el propósito de servirme a mí». Esther Perel hace una reflexión similar y afirma que «cuando dos se convierten en uno, la conexión ya no puede existir. No hay nadie con quien conectar».[39]

Somos individuos, cada uno con sus identidades e intereses únicos. Por más paradójico que suene, pasar tiempo separados en realidad puede acercar a los miembros de la pareja. Permite el crecimiento personal, lo que a su vez favorece el crecimiento colectivo de la relación. Así que estar separados, tener un espacio propio y hacer actividades por cuenta propia son ingredientes necesarios para estar juntos, profundizar en la intimidad y mantener una relación sana y equilibrada.

---

39. Schnarch, *Passionate Marriage*, p.56.

En definitiva, una relación diferenciada es un sutil baile entre procurar tiempo para «mí» y tiempo para «nosotros». Se trata de buscar el equilibrio entre el crecimiento personal y las experiencias compartidas, de fomentar el respeto mutuo por el espacio personal y a la vez alimentar la intimidad que hace que la relación funcione.

Ese fue un gran problema para mí y Alex. Y es uno de los problemas más frecuentes que veo en las parejas a las que trato.

A primera vista, todo esto puede parecer bastante simple. Quizás pienses: «Soy independiente, puedo decir lo que pienso y dirijo mi propia vida. Mi pareja y yo somos individuos independientes». Y, en muchos sentidos, quizás lo seáis. Sin embargo, la verdadera diferenciación va mucho más allá. Es intrincada y requiere tanto el reconocimiento de la disonancia interna y el conflicto externo, así como una estrategia para manejar ese conflicto.

Derek llama a esto «karate emocional». Yo lo llamo «misión imposible». ¿Recuerdas la escena en *Misión imposible* en la que Tom Cruise intenta evitar el sistema de alarmas láser? Un paso en falso y la alarma se activará.

Quiero compartirte la historia de Mark y Bianca, que se enfrentaban a cuestiones de diferenciación que requerían un cambio enorme. Esas dificultades estaban fuertemente arraigadas en sus historias familiares. Ni Mark ni Bianca habían confrontado de verdad los desafíos de la infancia, así que se encontraban haciéndolo de adultos, el uno con el otro. Su historia pone de relieve los intrincados vínculos entre nuestra familia de origen y las relaciones que creamos en la edad adulta.

Mark y Bianca: un dolor de cabeza es más seguro que un corazón roto

Mark, un hombre blanco, cisgénero y heterosexual de cuarenta y ocho años, y Bianca, una mujer blanca, cisgénero y pansexual de cuarenta y dos años, iniciaron la terapia siendo una pareja «altamente conflictiva». (Algunas parejas presentan un alto nivel de conflictos, mientras que otras los evitan. Con Mark y Bianca, el nivel era más que alto.) En el caso de las parejas altamente conflictivas, me gusta pensar que sus inexorables conflictos son un método de conexión, por más que el resultado sea la desconexión. Estas parejas suelen traer problemas, porque las relaciones se convierten en entornos de malestar y desregulación perpetuos. Estas son las parejas que realmente necesitan terapia. Si es tu caso, corre (no solamente vayas) a terapia. Nadie quiere estar constantemente riñendo.[40]

Mark y Bianca iniciaron la terapia discutiendo. Incluso durante las primeras sesiones, sus discusiones me daban dolor de cabeza, y se los dije. Un día, ninguno de los dos dejaba de hablar y hablar sobre cómo creía que el otro no le escuchaba. Se iban turnando una y otra vez, ignorándose entre sí, exigiendo que el otro se hiciera cargo de exactamente lo mismo.

Bianca: Es como si no te importara. Solo pido algo sencillo y tú me dices que lo harás, pero nunca lo haces. Dime cómo se supone que debo responder.

Mark: Objetivamente, eso no fue lo que ocurrió. Me pediste que hiciera una reserva para la cena diciendo: «Te has vuelto a olvidar de hacer la reserva». Eso me hizo enfadar y para entonces ya no quería hacer nada.

Bianca: Sí, ¡eso es porque nunca me escuchas! ¡Es como si todo lo que dijera te entrara por una oreja y te saliera por la otra!

Mark: ¡Te escucho! ¡Es solo que no estoy de acuerdo! Desde un punto de vista objetivo, eso no fue simplemente lo que pasó. Siento como si tuviera que andar con pies de plomo contigo todo el tiempo. Nunca nada es suficiente.

Bianca: No puedo contigo cuando te pones así a la defensiva. Cada vez que señalo algo, enloqueces y me lo discutes. Hacer una reserva para la cena no es física cuántica.

40. Fromm, *The Art of Loving*, p.28.

Yo: De acuerdo, hagamos una pausa por un momento. Veo que ambos os sentís muy frustrados ahora mismo. Este ciclo de discusiones en el que os encontráis atrapados es agotador, ¿verdad? A mí mismo me cuesta seguiros. Me está dando dolor de cabeza, y eso que ni siquiera soy parte de la relación. No es ninguna sorpresa que ambos estéis tan infelices. Esto es una tortura. Tomemos un poco de distancia.

Mark: No es que estemos intentando provocarte un dolor de cabeza, pero es que...

Lo interrumpí. (Interrumpo mucho.)

Yo: Ya lo sé, Mark. Y a eso me refiero. Esto no está funcionando para ninguno de nosotros.

En muchas relaciones, cuando surge un desacuerdo, podemos responder de maneras que lo empeoren. Y después seguimos usando el mismo método que no funciona y exclamamos: «¡No sé qué hacer! ¡Lo que probado todo!». Mark y Bianca lidiaban con la decepción y manejaban los conflictos con los mismos métodos que habían usado en la infancia.

Cualquier expresión de decepción se vivía como una crítica o un rechazo. Y el retraimiento se sentía como un abandono. Ambas posturas de su dinámica actual ahondaban sus raíces en sus respectivas infancias, y yo pasé mucho tiempo haciéndoles entender eso. (De hecho, una gran parte de mi trabajo como psicoterapeuta consiste en convencer a mis clientes.) Tanto Mark como Bianca habían tenido unos padres ausentes y críticos, y la situación actual despertaba sus heridas de la infancia. [41]

El trabajo de Mark consistía en escuchar las expresiones de decepción de su pareja sin personalizarlas ni interiorizarlas para no dejarse consumir ni definir por ellas (tal como lo había hecho

---

41. Perel, *Mating in Captivity*, p.25.

con las críticas de su madre). El trabajo de Bianca consistía en afrontar el retraimiento de Mark sin sentirse abandonada (tal como se había sentido ante el retraimiento de su madre y su padre).

Era un trabajo difícil. ¿Por qué? Porque las peticiones de Bianca sí que eran críticas, y la respuesta de Mark de retraerse o desconectarse sí se asemejaba al abandono. Las respuestas de cada uno amplificaban, sin quererlo, los mismos comportamientos que querían aplacar. Bianca se sentía abandonada, pero, sin darse cuenta, sus críticas a Mark alentaban su comportamiento distante. Por otra parte, Mark se sentía criticado, pero al retraerse y desconectarse, sin querer incitaba que hubiera más críticas; sus acciones casi garantizaban que Bianca se sintiera inconforme y decepcionada.

Sin embargo, las intensas reacciones de cada uno al retraimiento o a las críticas del otro no venían causadas por su relación actual, sino por el dolor profundamente arraigado a las críticas, el rechazo y el abandono que habían experimentado durante la infancia.

Aquí es donde la diferenciación entra en juego. Una persona diferenciada dice: «Entiendo que estás molesto conmigo, pero tu percepción de quién soy yo no me define. Es por eso que soy más capaz de escuchar tus pensamientos y sentimientos con respeto y sin necesidad de defenderme, porque tu punto de vista no me define». Esto permite que haya espacio para la curiosidad, lo que puede ayudar a las personas a expresar empatía y comprensión hacia su pareja.

Así que mi estrategia principal con Mark y Bianca consistía en ayudarlos primero a conectar mejor consigo mismos, sobre todo cuando recibían comentarios de la otra persona. Por ejemplo, cuando Bianca criticaba a Mark, Mark aprendió a decirse a sí mismo: «Sé quién soy. No he hecho nada malo. Bianca está de mal humor o está reaccionando a un disparador emocional. No tengo por qué ponerme a la defensiva. Sus emociones le pertenecen a ella y no tengo por qué hacerme cargo de ellas». Cada uno de ellos tuvo que velar por sí mismo y priorizar su propio bienestar emocional, una experiencia que nunca habían tenido durante la infancia.

Muchos de nosotros no tuvimos a nadie que velara por nosotros cuando éramos pequeños, lo que hace que nos cueste velar por nosotros mismos ya de adultos. En lugar de eso, queremos que nuestra pareja vele por nosotros, incluso durante conflictos y desacuerdos. Lamentablemente, las parejas adultas no funcionan así.

Tanto Mark como Bianca tenían heridas, y dedicamos una considerable cantidad de tiempo a explorarlas durante las sesiones. La verdad es que algunas heridas jamás sanarán. Podemos suavizarlas cambiando nuestra perspectiva actual y haciendo cambios en nuestras relaciones que disminuyan la frecuencia y la intensidad del dolor. Si quieres llamar resolución a eso, adelante. Yo no lo haría porque, en algún momento, el pasado siempre vuelve a emerger. (Y en el caso de Mark y Bianca, así lo hizo.)

Navegar por un mar de constantes desafíos puede ser complejo tanto para terapeutas como para clientes. Cuando surge un problema, a menudo deseamos una solución. Sin embargo, hay momentos en que la respuesta no está clara. En lugar de eso, quizás se trate más de aceptar, practicar la tolerancia o perdonar.

Mark y Bianca nunca habían logrado enfrentarse a sus padres o entenderlos de verdad, y menos llegar a un punto en el que el perdón pudiera entrar en esas relaciones pasadas. Sin embargo, esa capacidad de entender se convirtió en un paso clave en la relación adulta que tenían el uno con el otro, sobre todo porque ambos se debatían en torno a temas similares.

Durante las sesiones, nos enfocamos en que aceptaran las partes de su relación que parecían resistirse al cambio, sobre todo su asombroso talento para provocar al otro, tal como sus padres lo habían hecho. Les guie para que adoptaran una actitud de aceptación, para que aprendieran a aceptar las imperfecciones y limitaciones inherentes a su dinámica.

Mark y Bianca estaban perplejos por mi dinámica. Todavía había partes de ellos que ansiaban una solución. Así que les pregunté: «¿Por qué seguís juntos?». Esta es una pregunta interesante y atrevida. Algunas parejas se detienen y tardan en empezar a enumerar las razones. Dicen cosas del tipo «tenemos hijos» o «lo amo». Pero los hijos y el amor no bastan.

Sin embargo, cuando les hice esta pregunta, Mark respondió de inmediato:

—Ah, amo a Bianca. Me encanta su actitud, la forma en la que expresa su amor, y admiro profundamente su trabajo y sus pasiones intelectuales.

—Creo —dijo Bianca de inmediato— que Mark es un genio y me divierte compartir la vida con él.

—¿Os gusta estar juntos? —pregunté yo entonces.

Ambos respondieron que sí.

Lo cierto es que les gustaba muchísimo estar juntos, pero había momentos en los que surgían conflictos y eso les generaba tanta preocupación y ansiedad (disparador) que se atascaban y eran incapaces de soltar o resolver la situación. Cuando se resistían a entrar en un conflicto en particular, eran capaces de conectar con los sentimientos positivos que tenían el uno por el otro. Los ayudé a aceptar que esta parte de su relación no tenía por qué ser aterradora como lo era cuando eran jóvenes; que a una fractura podía seguirle una reparación que hiciera que el conflicto no se sintiera como una condena de muerte. Los alenté a probar ese enfoque, o incluso a aprender a reírse de sus conflictos. El humor es muy importante.

Era una relación imperfecta, pero, para ellos, era lo suficientemente buena.

Humor

Yo hago un esfuerzo consciente por dar un toque de humor a mis conversaciones; procuro que mis clientes se rían al menos una vez por sesión. Estoy convencido de que el humor puede ayudar a la reparación durante el proceso de sanación. ¿Conoces el dicho de «la risa es la mejor medicina»? La capacidad de reírnos de nuestros propios defectos y errores nos permite crear un cojín de amortiguación en torno a realidades que de otra forma serían demasiado dolorosas. Las absurdidades inherentes a la vida y las complejidades a veces desconcertantes de las relaciones requieren que recibamos la risa con los brazos aún más abiertos. El humor desempeña un papel fundamental, no solo en la terapia, sino en las relaciones, el amor e incluso los momentos íntimos. Tiene el poder de transformar el miedo y la ansiedad en alegría y conexión, de alivianar la carga pesada que llevamos encima. Y supone un fuerte contraste con muchas de nuestras vivencias de la infancia, en la que decepciones y conflictos normales quizás crecieran hasta convertirse en una tragedia. Cuando invitamos a la risa a entrar en esos espacios, suavizamos los bordes de los traumas y las decepciones del pasado, y nos permitimos a nosotros mismos navegar las complejidades de la vida con un corazón más tranquilo y un espíritu más resiliente. Así que ríete más.

Y ¿qué hay de la comunicación?

En lugar de hacer que Mark y Bianca aprendieran sobre la diferenciación, muchos psicoterapeutas les habrían hecho completar ejercicios de comunicación en los que apoyaran las experiencias del otro y las validaran.

Sí, la comunicación es importante. Lo escuchamos hasta el hartazgo:

- Usa declaraciones en primera persona.
- Repite lo que tu pareja ha dicho.
- Da apoyo a tu pareja.

- Respeta sus emociones. Y, sí, haz una pequeña validación: «Entiendo por qué podrías sentirte así».
- Mantén la calma. A ser posible. De lo contrario, tómate un descanso.

(Todo eso debería ser bastante evidente.)

Si bien todo esto puede sonar dulce y tierno, las relaciones están en realidad muy lejos de ser así de simples. Desde luego, es importante comunicarse con amabilidad, validar a la pareja y apoyar sus sentimientos (¡sí, por favor, sé amable!), pero eso solo no bastará para alcanzar la satisfacción en la relación. Por no mencionar que cuando uno de nuestros traumas se activa, todo puede pasar.

Claro que todos queremos soluciones, y sin duda es más fácil pensar que la solución a tu problema requiere un simple ajuste logístico en el que se cambie el discurso en lugar de reestructurar totalmente toda vuestra dinámica relacional y psiquis. Y sí, a veces, usar palabras nuevas, un tono más suave o incluso una mano sobre la pierna de tu pareja mientras mantienes el contacto visual puede marcar la diferencia. Pero lo cierto es que las relaciones son complejas y requieren mucho más que buenas habilidades comunicativas.

Si cuando te comunicas con tu pareja, solo buscas sentirte bien en el momento, entonces no estás buscando una verdadera comunicación honesta. No estás buscando intimidad. Estás buscando consuelo y aceptación, que son cosas completamente diferentes a la honestidad y la intimidad. Schnarch dice: «Nos impulsa algo que hace que parezca que deseamos intimidad, pero en realidad buscamos otra cosa; queremos que otra persona nos haga sentir aceptables y valiosos. Le asignamos la etiqueta de "intimidad" a lo que queremos (validación y revelación mutua) y creamos psicologías populares que nos lo den, mientras mantenemos alejada a la verdadera intimidad».

Para conseguir una intimidad real, es necesario estar dispuesto a sentirse incómodo y oír lo que no quieres oír. Teniendo eso presente, ahora te pediré que sueltes un par de cosas bastante importantes.

Suelta la expectativa de que tu pareja (o cualquier persona, para el caso) debería validar, aceptar, apoyar u ocuparse de tus emociones antes que de las suyas propias; que debería estar siempre de acuerdo contigo, o que debería ser tu salvación. Quizás sientas que necesitas esto, pero no es así. Primero tenemos que aprender a sentirnos cómodos y seguros con nosotros mismos antes de exigir que nuestra pareja nos haga sentir así. [42]

Suelta la idea de que tus sentimientos son ciertos o que necesitan alguna clase de validación. No son válidos ni inválidos. Solo son. La lluvia es lluvia. El cielo es el cielo. No los cuestionamos; solo los observamos. Esa es la relación que quieres cultivar con tus emociones, sobre todo cuando algo te provoca, y sobre todo cuando estás en medio de un conflicto. Conecta con las experiencias pasadas y presentes a las que apuntan tus emociones. Este es el poder de la narración. Una historia no es válida ni inválida. Solo es. Se trata de experiencias con detalles.

No creas ni por un segundo que te estoy alentando a iniciar relaciones infelices o de maltrato. Lo que estoy haciendo es alentarte a cambiar de forma fundamental cómo piensas en ti en el contexto de las relaciones.

El amor y el odio son dos caras de la misma moneda

Siempre habrá cosas de tu pareja y del resto del mundo que te hagan enloquecer por completo. Quizás haya veces en las que incluso sientas que odias a una persona. Esto es normal y no es un problema… a menos que empieces a definir a tu pareja solo por los rasgos que te enloquecen.

El desafío está en permitirte sentir frustración, decepción e incluso odio, sin asignar ese sentimiento a tu relación o a tu pareja.

---

42. Schnarch, *Passionate Marriage*, p.39.

Para hacerlo, recuérdate todo lo que tu pareja tiene para ofrecer (suponiendo que te ofrezca algo).

El único hecho simple que debes aceptar es que la satisfacción que obtenemos de nuestras relaciones no depende, ni debería depender, de que tu pareja tenga ciertas características. Por definición, se trata de una persona con defectos, al igual que nosotros. Pero es la manera en la que interpretamos y lidiamos con esos defectos lo que influye en lo felices que somos en la relación.

Si quieres tener intimidad como adulto, debes entender que los defectos de tu pareja se basan en su historia personal, no en las repercusiones que esos defectos tengan en tu satisfacción personal. Esto se llama empatía. Alain de Botton usó la expresión «idiota adorable» para referirse a esta perspectiva sobre nuestra pareja, y me encanta. Podemos estar en una relación con una persona que nos vuelve locos y aun así amarla y respetarla.

Este es un mensaje que casi nunca recibimos. Nos dicen que seamos independientes, que nos defendamos, que no dejemos que nadie nos lastime y, si lo hace, que lo dejemos porque es puñeteramente tóxico.

Es hora de reescribir todo eso. A ver qué te parece esta narrativa. Fíjate cómo encaja en tu caso. Considera si remueve algo dentro de ti:

- Puedo tener un impacto en la relación si me cambio a mí mismo/a.
- No necesito esperar que otra persona cambie.
- No necesito permiso para tener ciertas necesidades y preferencias.
- No soy adivino/a y no sé qué cambios habrá en el futuro.
- Puedo dejar de cuestionar si la relación puede cambiar.
- En lugar de eso, me esforzaré para ser yo quien cambie.
- Prestaré atención a mis disparadores emocionales; seré consciente de cómo el pasado moldea mi presente y me esforzaré por hacer las cosas de otro modo.

Nadie puede remplazar la relación que tienes contigo mismo. Nadie puede estar antes que tú. Debes pensar antes en ti. No confundas esto con una falta de consideración hacia tu pareja. Se trata de que tú seas una prioridad en todos los contextos relacionales en los que busques una conexión.

Cuando nos damos prioridad a nosotros mismos es cuando entendemos el papel que desempeñamos en nuestras dinámicas tanto satisfactorias como insatisfactorias. Si quieres cambiar el enfoque, no puedes hacerlo a través de una vigilancia constante de tu pareja. Debes aceptar que el amor y el odio, el amor y el miedo, el amor y el «me vuelves loco cuando dejas abiertas todas las puertas de los armarios de la cocina» son realidades que darán forma a tu relación. El modo en que respondemos en esas situaciones, así como las dinámicas que han llevado a ellas, tienen un impacto enorme en las reacciones de los demás. [43]

Nosotros tenemos tanto impacto en nuestra pareja como ella en nosotros; provocamos reacciones y conductas en los demás. Este es el ciclo de acción-reacción que influye en los altibajos que experimenta la conexión en nuestras relaciones. Hacemos preguntas y obtenemos una respuesta. Cada interacción causa una reacción que influye sutilmente en el ritmo de la relación. Si nos sentimos molestos por lo que ha sucedido la noche anterior y nos comunicamos con un tono de voz desagradable o crítico, lo más probable es que nuestra pareja responda de manera similar o se retraiga. No importa si nuestro resentimiento está justificado. Si permitimos que ese resentimiento tiña nuestras interacciones posteriores, nuestra pareja lo notará, por más que no digamos ni una palabra. A veces, ese silencio es lo peor.

Cuanta más curiosidad, responsabilidad, compasión y bondad aportemos a la dinámica, más aumentaremos la probabilidad de

---

43. «Alain de Botton: On Love» (2020), conferencia en la Ópera de Sídney, Sídney, video de YouTube: <https://www.youtube.com/watch?v=Ctz6eJ3Pr94&ab_channel=SydneyOperaHouse>.

que exista colaboración y conexión. Incluso cuando sintamos que nos han tratado de forma injusta o que ya no hay remedio.

Es por eso que me costó tanto entender, aceptar y cambiar por dentro.

Alex y yo no estábamos para nada diferenciados. Éramos codependientes, y ambos empezamos a resentir cada vez más la falta de independencia que la relación nos permitía tener. Para diferenciarme de la relación, habría tenido que usar mucho mi voz para presionar a Alex, pero sin tratar de cambiarlo, para compartir lo que yo quería y por qué. Yo quería tener conversaciones más profundas sobre nuestros conflictos y trabajar activamente en nuestra relación. Quizás con la ayuda de libros de autoayuda, cursos o terapia le podría haber permitido ver esa parte de mí en lugar de limitarme a esperar que él iniciara la conversación. Yo podría haber concertado una cita para hacer terapia de pareja, por más que él no quisiera hacerlo. Yo podría haber comprado libros de autoayuda y haberle dicho: «Vale, ¡es hora de leer! Sentémonos y leámonos en voz alta». Después de todo, ¡yo era el psicoterapeuta! Capitanear un proyecto como ese debería haber sido lo mío.

Pero yo necesitaba entender que su resistencia tenía que ver con sus propios problemas y que no tenía que dejar que me definieran. Yo podría haber dicho algo cuando quería algo diferente, y luego respetarlo y tolerarlo cuando él no pudiera ofrecérmelo. A veces, en realidad, no necesitamos el cambio que creemos necesitar; a veces, lo único que queremos es conexión y reconocimiento.

Nadie quiere una segunda infancia

En la infancia no existe la posibilidad de tomar decisiones. De niño, yo no podía elegir, y tú tampoco. Nadie en su infancia lo hace. Alain de Botton escribe con humor y perspicacia: «Incluso cuando las cosas van bien, la infancia es una amable prisión abierta». De niños no podemos ir a la tienda y comprar una familia nueva. Todos tuvimos que conformarnos con la familia que teníamos. Por más que eso implicara normalizar el maltrato o desempoderarnos. [44]

Lo único bueno que mis padres hicieron por mí fue enviarme a terapia desde joven. Y tuve la suerte de encontrar a alguien que hiciera las veces de mi segundo padre, mi psicoterapeuta Derek. Él era el único que validaba mis emociones y me hacía sentir seguro cuando era niño.

Esa falta de elección es lo que me prometí a mí mismo que jamás recrearía en mi vida adulta. Elegiría dónde vivir, con quién pasar el tiempo y literalmente todo lo demás. Pero tardé mucho tiempo en llegar a un punto en el que mi edad adulta no se pareciera a mi infancia. Y todavía sigo trabajando en eso. Todavía me aíslo y me oculto. Todavía hablo en voz baja. Aún estoy en ello. Todos estamos en ello.

Aprendí que no puedes deshacer los traumas de la infancia si repites en la edad adulta lo mismo que hacías entonces. Eso era lo que yo estaba haciendo con Alex. Y lo que suelen hacer mis clientes. Y quizás tú también. En los momentos difíciles de la relación, yo me retraía y, como resultado, me sentía tan solo y abandonado como me había sentido de niño. Esa era mi segunda infancia. El psiquiatra Thomas Szasz afirma que «todo acto de aprendizaje consciente requiere estar dispuesto a que nuestra autoestima salga herida». Lamentablemente, con Alex yo estaba a la defensiva y era incapaz de enfrentarme a mis demonios internos porque mi inconsciente estaba haciendo todo lo posible por evitar que confrontara las pérdidas dolorosas de mi infancia, lo que hacía que ignorara por completo lo que estaba ocurriendo realmente en nuestra dinámica y dentro de mi propia mente. Solo podemos cambiar cuando afrontamos las historias que nos hemos contado a nosotros mismos sobre quiénes somos, quién es nuestra pareja y qué creemos necesitar para estar satisfechos. La psicoterapeuta

---

44. De Botton, Alain (2019), *The School of Life: An Emotional Education*, The School of Life, Londres, p.35.

Lori Gottlieb escribe: «Todo cambio implica una pérdida, y es por eso que a menudo las personas dicen que quieren un cambio, pero permanecen exactamente iguales». En esencia, la resistencia al cambio es una resistencia a la pérdida. Y esa era la historia que me impedía actuar por mí mismo con Alex, así como cambiarme a mí mismo.[45]

Antes hablaba de cómo a veces recreamos patrones y dinámicas de la infancia en nuestra vida adulta, que es algo similar a lo que estoy llamando una «segunda infancia». Esto ocurre cuando las experiencias de nuestra infancia moldean por completo nuestras relaciones adultas. Con una perspicacia muy sabia, Carl Jung señalaba que «hasta que hagas consciente lo inconsciente, dirigirá tu vida y lo llamarás destino». Si bien todos recreamos aspectos de la infancia en la edad adulta, hay quienes lo hacen más que otros. Todas las personas lo hacemos hasta que, un día, llegamos a un punto de inflexión o crisis y nos vemos obligados a detenernos y reflexionar. La psicóloga Tara Brach afirma que «quizás la mayor tragedia de nuestra vida es que la libertad es posible, y aun así pasamos años atrapados dentro de los mismos patrones». Estos patrones siguen ejerciendo su control sobre nosotros hasta que encontramos el coraje para confrontar la realidad de nuestra vida y liberarnos de los patrones conocidos pero restrictivos a los que nos hemos acostumbrado.[46]

Para lograrlo, debemos invertir en nuestra propia capacidad de impulsar el cambio en nuestra vida e influir de forma positiva en nuestras relaciones, por más que nuestra pareja no haga el mismo esfuerzo.

¿Qué ocurre cuando solo una parte hace el trabajo en la relación? ¡Que el cambio sucede de todas formas! ¿Por qué? Porque cuando cambiamos, nuestra relación cambia.

---

45. Szasz, Thomas S. (1973), *The Second Sin*, Anchor Press, Garden City, Nueva York, p.15.

46. Gottlieb, Lori (2019), *Maybe You Should Talk to Someone: A Therapist, Her Therapist, and Our Lives Revealed*, Houghton Mifflin Harcourt, Nueva York, p.6.

Quizás te preocupe sentir resentimiento hacia tu pareja si no se esfuerza también por cambiar. Pregúntate esto: ¿por qué? Si podemos cambiar para mejor la relación trabajando solo en nosotros mismos, ¿por qué íbamos a molestarnos con nuestra pareja por no hacer el mismo esfuerzo? Bueno, porque a menudo esperamos que una relación sea al cincuenta/cincuenta. Lo lamento, pero, una vez más, deberás soltar esa idea.[47]

La idea fundamental aquí es que no necesitamos depender de nuestra pareja para que sea quien inicie el cambio. Querer que nuestra pareja lidere el cambio puede conducir a una recreación de la impotencia que sentimos en la infancia. En lugar de eso, podemos transformar activamente nuestra relación si primero hacemos cambios en nosotros.[48]

Esto es lo que significa diferenciar.

Esto es lo que significa crecer.

---

47. Jung, C. G. (1966), *Collected Works of C. G. Jung, Volume 16: Practice of Psychotherapy*, ed. G. Adler y R. F. C. Hull, Serie Bollingen XX, Princeton University Press, Princeton, NJ.

48. Brach, Tara, *Radical Acceptance: Embracing Your Life with the Heart of a Buddha*, Bantam Books, Nueva York, p.23.

8. Demasiado bueno para marcharse, demasiado malo para quedarse

> Los amantes pasan sin cesar de la exaltación
> al desánimo, de la tristeza a la alegría, de la cólera
> a la ternura, de la desesperación a la sensualidad [...]
> El amante está perpetuamente movido
> por sus contradictorias emociones. [49]
>
> Octavio Paz

Un trago amargo

Las relaciones suelen verse a través de una perspectiva binaria de qué es sano y qué no lo es. Se nos presentan elecciones polarizadas y simplificadas en exceso: bueno o malo, bandera roja o verde, marcharse o quedarse.

Mis clientes a menudo me hacen este tipo de preguntas:

«¿Es la persona equivocada para mí?»

«¿Debería seguir saliendo con esta persona?»

«¿Es esto una señal de alarma? ¿¿¿Es una persona tóxica???»

En nuestra misión por mejorarnos a nosotros mismos, a menudo deseamos absolutismo y certezas. Hay personas que tienen una cita, usan los datos limitados que han recopilado para hacer predicciones sobre el posible futuro que podrían tener con esa

---

49. Paz, Octavio (2001), *La doble llama: amor y erotismo*, Editorial Seix Barral, Barcelona.

persona y rápidamente deciden si esa relación podría funcionar o no. De un modo similar, hay personas que están en una relación y que, al encontrar un desafío o una diferencia, no tardan en ponerle fin. Pero ¿es esta estrategia correcta? ¿Podemos ser demasiado impulsivos? La verdad es que no hay una respuesta clara.

El final de una relación puede ser tan incierto como sus comienzos.

En mi relación con Alex, yo quería respuestas y las buscaba con desesperación en mi terapeuta y mis amigos. Mis amigos me recomendaban crear listas de ventajas y desventajas, pero enseguida me di cuenta de que esa estrategia es insuficiente en el contexto de una relación. Tipificar algo como una «ventaja» o «desventaja» puede fluctuar según el día o incluso la hora. Cuando Alex y yo nos divertíamos juntos o teníamos una noche de sexo acalorado, era más fácil pasar por alto sus limitaciones y conectar con el deseo de quedarme en esa relación para siempre. Sin embargo, otras veces, cuando faltaban esos momentos ausentes, nuestra relación era realmente terrible.

Las relaciones son de todo menos una clasificación de blanco o negro; no dejan de poner a prueba la interpretación objetiva que a menudo se presenta en las redes sociales. Adelante, haz la lista de ventajas y desventajas, pero no te obligues a pensar que una vez la tengas, te abrirás de miras. A veces, esas listas pueden ofrecer claridad, pero con mayor frecuencia no hacen más que exacerbar el pánico y la incertidumbre ya existentes. De todos modos, hice la lista. Y si bien me ayudó plasmar mi desesperación sobre un papel, no me ayudó en absoluto a entender cómo proseguir.

Mis amigos querían que dejara a Alex porque cuando estaba con ellos, parecía que no hacía más que quejarme de él. Mi familia adoraba a Alex y no entendía por qué me planteaba dejarlo. Y mi psicoterapeuta Derek me ayudó a entender las sutilezas y complejidades de la relación. Derek me podría haber presionado para dejarlo, pero, en lugar de eso, me ayudó a usar la experiencia para aprender más de mí mismo.

La decisión era una carga pesadísima que hizo que me paralizara y estuviera a la deriva durante casi dos años. Mi parálisis se debía, en gran parte, a la idea de que debía saber inexorablemente lo que quería. Pero lo cierto es que mi relación con Alex era una paradoja compleja e intrincada, una danza confusa entre el disfrute del vínculo que compartíamos y un anhelo por algo más.

El consejo imperante en nuestra cultura es que pongamos fin a cualquier relación que no nos satisfaga plenamente, que nos alejemos de las personas que ahora hemos empezado a etiquetar como «no disponibles», que hiperanalicemos cada bandera roja y busquemos banderas verdes y que creemos hojas de Excel mentales para determinar si nuestra pareja no es la indicada para nosotros. El trabajo detectivesco que hacemos está fuera de control.

En relación con la infidelidad, Esther Perel observa que «la nueva vergüenza es quedarse». Sin embargo, esta noción va más allá de la infidelidad; abarca cualquier relación que no cumpla con nuestra expectativa de sentir una satisfacción absoluta o que no concuerde con los ideales que la sociedad nos impulsa a perseguir. No solo sentimos vergüenza si nos quedamos en relaciones imperfectas, sino también si nos callamos y nos conformarnos con algo inferior a lo que realmente deseamos y nos han dicho que merecemos (a menudo, por parte de desconocidos en internet). De hecho, el ámbito de la terapia online está repleto de listas de verificación cuya meta es identificar parejas «malas», acompañadas de teorías que intentan arrojar algo de luz sobre por qué la gente se ve atraída o no puede mantenerse alejada de ese tipo de personas.

Yo no estoy alentando ni desalentando que alguien permanezca en una relación poco satisfactoria, ni que salga con alguien que sea incapaz de darle lo que busca. En lugar de eso, quiero que profundices en qué es lo que nos mantiene conectados. Lo cierto es que, ya sea que una relación esté en sus primeras etapas o que ya haya pasado por décadas de matrimonio, encontrar desafíos y señales de alarma es de lo más normal, y tirar adelante puede ser una tarea compleja y llena de disparadores emocionales.

Emma es dueña de su poder

Emma, una mujer blanca, cisgénero y heterosexual de cuarenta y cuatro años, empezó terapia inicialmente por su ansiedad crónica, que no era ninguna sorpresa dada su historia de trauma infantil que incluía abuso sexual, descuido y abandono. Emma también sufría bulimia y trastorno dismórfico corporal. Durante las sesiones de terapia, quedó en evidencia que se había criado en una familia en la que ella era el chivo expiatorio, lo que los demás consideraban el «objeto malo». Su familia se refería a ella con apodos denigrantes y no la cuidaban, lo que hacía que Emma sintiera que ella era «demasiado» por querer un nivel básico de consuelo, amor y afecto.[50]

Al contarme lo de los insultos, Emma lo hizo con una risa y una expresión de apariencia desenfadada. Esto ocurre con muchos clientes. A menudo presentan algo horrible, violento o desgarrador desde una posición no emocional. Esto es así porque nunca se les ha permitido, o no se han permitido a sí mismos enfrentarse a la realidad que implican esas experiencias relacionadas con la pérdida. Cuando esto ocurre, yo reacciono como si fuera ellos, para modelar que está bien sentir, reaccionar y estar molesto.

Cuando Emma me contó sobre los apodos hirientes que su familia usaba para referirse a ella, le dije:

—Pero ¡qué demonios! Eso es horrible, Emma. Esos apodos no son expresiones de cariño. ¿Qué decías cuando te llamaban así?

—No decía nada, solo me reía.

—Bueno, ¡di algo! —exclamé—. Sé directa y dilo sin rodeos: «No me gusta cuando me llamáis así. Parad ya y no volváis a hacerlo».

Pero esa era solo la punta del iceberg. Sus progenitores tenían trastornos de alimentación y bebían alcohol en exceso. Esto hizo

50. Perel, Esther (2017), *The State of Affairs: Rethinking Infidelity*, HarperCollins, Nueva York, p.15.

que Emma también sufriera un trastorno alimentario y un notable trastorno de ansiedad, conductas que le permitían controlar su entorno y lidiar con las necesidades incumplidas y los sentimientos de impotencia. La ansiedad de Emma era algo de lo que ella dependía; se convirtió en parte de su identidad, porque la mantenía a salvo. Sin embargo, de adulta, estaba sufriendo los mismos síntomas de sus traumas de la infancia (es decir, ansiedad, pánico, paranoia y una convicción acérrima de que no le gustaba a nadie). Si bien Emma era muy consciente de sus traumas pasados y del potencial que tenían para impactar en su presente, la desregulación emocional era tan intensa que era incapaz de integrar del todo nuevos conocimientos durante los períodos de agitación. ¿El resultado? Ella recreaba con su pareja las mismas dinámicas de impotencia que había experimentado con sus padres.

Si bien su pareja era muy diferente a sus padres —amable, atento y casi demasiado dispuesto a cuidar de ella—, también la estaba engañando con otra persona. Descubrir esa infidelidad hirió profundamente a Emma e hizo que permaneciera en un constante estado de hipervigilancia. Se aferraba a la esperanza de que su pareja la rescatara de su ansiedad y le ofreciera una sensación de seguridad para reparar la confianza que él había roto.

Emma tomó la decisión de intentar salvar su matrimonio. Ella y su esposo llevaban una década juntos, y Emma quería darle una oportunidad a su futuro como pareja. Yo apoyé su decisión porque, según lo que ella contaba de su pareja, era una persona afectuosa y sincera a pesar de lo que había hecho. Incluso tuvimos un par de sesiones de terapia en las que él expresó arrepentimiento y un deseo profundo de reparar el daño.

Sin embargo, el camino fue muy agotador para Emma. Para alguien que sufre de ansiedad crónica y tiene antecedentes de trauma, una vez que la confianza se rompe, es muy difícil recomponerla. Podría decirse que los sentimientos potentes del presente reflejan una conexión profunda con el pasado. Pero eso no significa que debamos desestimar la relevancia que tienen también en el presente. Yo sabía que algo no iba bien.

Entonces, un año más tarde, otro incidente concreto abrió las compuertas y condujo a la revelación de que él le había sido infiel repetidas veces desde el principio y a lo largo de la relación y el matrimonio. Esto le rompió el corazón a Emma y destrozó la confianza que tenía en él.

En terapia nos enfocamos mucho en las heridas y los traumas del pasado. Pero si queremos ser adultos con vidas satisfactorias, debemos, hasta cierto punto, dejar el pasado atrás. Si pasamos demasiado tiempo analizando, reprocesando e intentando «resolver» traumas de la infancia, nada cambiaría en el presente. El cambio ocurre cuando hacemos algo. El cambio ocurre cuando usamos la información que hemos aprendido de nuestro pasado para modificar nuestro comportamiento en el presente.

En algunas instancias, este cambio implica quedarse y trabajar activamente en la relación, pero en otros casos requiere que tomemos la difícil decisión de marcharnos. En el caso de Emma, era evidente que había llegado el momento de dejar ir. Su relación reflejaba las dinámicas disfuncionales que había soportado en el pasado. Su ansiedad crónica no parecía tener su origen en un desequilibrio químico ni en los genes, sino que era un indicador profundo de lo poco seguras y fiables que habían sido las relaciones en su vida. Y su pareja no era una excepción.

El mayor desafío para Emma era invertir en su propio poder, ese poder que se le había arrebatado durante la infancia. Emma y yo conversamos sobre cómo, al elegir una vida adulta definida por la misma falta de poder que había experimentado de niña —falta de poder sobre sus relaciones, su cuerpo y el mundo—, ella seguía siendo inconscientemente leal a su familia. En todas las sesiones hablábamos sobre el poder, y era evidente que ella temía su propio poder. Temía crecer. Se había identificado con sus heridas. Al silenciarse a sí misma y negar su voluntad en la edad adulta, seguía intentando ser una buena hija. A menudo decía cosas como «no puedo con esto», «esto me destruirá», «él me hizo pedazos» y «él arruinó nuestra vida». Ella todavía estaba en el espacio de victimización y dolor que había ocupado durante la infancia y la adolescencia. Sus palabras no tenían que ver con su realidad presente; pertenecían a su pasado.

Le dije a Emma lo que Derek me había dicho a mí: «Esas son las palabras que habrías usado si hubieras podido hacerlo».

A medida que crecemos, desarrollamos el vocabulario, el conocimiento y la habilidad de afrontar y pedir cosas en un momento —la edad adulta— en el que ya no lo necesitamos. En el caso de Emma, expresiones como «no puedo con esto» y «esto me destruirá» no tenían que ver solo con su relación adulta actual. Eran una reflexión del dolor profundo que había sufrido en la infancia, que sentía como algo insoportable con lo que no era capaz de lidiar. Su dolor actual era profundo e intenso, pero era algo que podía manejar. Después de todo, ya no era una niña indefensa que dependía de cuidadores dañinos. Era una adulta empoderada, perspicaz, inteligente y exitosa que era capaz de cuidar de sí misma sin la ayuda de nadie.

Al centrarse en el proceso de superar el duelo por sus pérdidas irrecuperables, Emma empezó a avanzar poco a poco con el divorcio, ya que se estaba dando cuenta de la necesidad de ocupar una posición de poder ahora que era la adulta competente en la que se había convertido. Al explorar la conexión que había entre sus emociones presentes y el dolor no resuelto del pasado, Emma logró entender mejor las narrativas que habían influido en sus experiencias presentes y, en última instancia, reclamar su poder.

Ser capaces de elegir quiénes somos, cómo actuamos y qué hacemos en respuesta a las necesidades no satisfechas o a una vida insatisfactoria es un superpoder. Para sacar partido a este poder, a esta elección, debemos entender que, a diferencia de lo que ocurría en nuestra infancia con nuestra familia de origen, de adultos sí podemos tener un impacto positivo en nuestras relaciones.

Es así como sanamos en el contexto de nuestras relaciones adultas. Como adultos, por fin podemos exigir más y negociar nuestras necesidades. Pero la única manera de lograrlo es a través del autoempoderamiento, del compañerismo y del trabajo en equipo, no a través de la expectativa de privilegio ni de la cosificación. El camino hacia la sanación no siempre es recto. A veces implica quedarse y trabajar para salir de situaciones difíciles. Otras veces requiere ser valiente para marcharse. Ambas elecciones pueden conducir a la sanación.

Al final, mi solución fue marcharme.

Alex y yo: una cuestión de confianza

No me gustaba vivir en Florida y nunca quise quedarme allí de forma permanente. Transcurridos unos siete años, estaba empezando a perder la cordura. Quería volver a la ciudad de Nueva York, el sitio en el que me sentía más seguro e inspirado.

Alex sabía que quería irme de Florida, pero había dejado muy clara su postura: él nunca se iría. Lo expresó directamente: «Nunca me iré». Estaba ganando más dinero que nunca y estaba convencido de que dejar su trabajo sería el final de su éxito financiero. Empezar de cero no era algo que estuviera dispuesto a hacer. Intenté persuadirlo de que mudarse a Nueva York le abriría a nuevas oportunidades de ganar más dinero, pero no le interesaba. Así que, tras discutirlo una vez, tomé su respuesta como un firme «no».

Yo no podía aceptar eso así como así y quedarme en Florida. Así que le dije que me mudaría al norte sin él. Y eso hice.

Nunca había pensado en tener una relación a larga distancia, pero no fue tan terrible como anticipaba. Revitalizó nuestra relación y, a decir verdad, me gustaba. Si quieres estar en una relación a larga distancia, puedes hacer que funcione. Pero debes tener excelentes destrezas de comunicación virtual. Y la verdad es que Alex y yo éramos bastante buenos en eso. Hacíamos videollamadas con FaceTime todos los días, nos enviábamos mensajes de texto constantemente, teníamos sexo virtual todo el tiempo, sexteábamos y hacíamos todo lo que podíamos para mantener con vida nuestro amor y nuestra vida juntos. Incluso teníamos noches de cita en las que veíamos la misma película mientras usábamos FaceTime. Era muy tierno.

Yo viajaba con bastante frecuencia de Nueva York a Florida; ahora me cuesta creerlo, pero hacía ese viaje cada dos semanas. Sin embargo, Alex no venía a Nueva York. Nunca lo presioné porque supuse que sería lo mejor para nuestra perra, *Zoey*, que se había quedado con Alex en Florida. Ahora me pregunto si su negativa a venir a Nueva York era una forma inconsciente de comunicarse y castigarme por haberlo dejado. Pero desde luego, esto no es más que una suposición, porque nunca se lo pregunté.

Alex y yo seguimos siendo monógamos... hasta que yo quise quedar con otras personas. Me da vergüenza recordar esto porque fui extremadamente egoísta. En esencia, le di un ultimátum: le dije que le dejaría si la relación no podía ser abierta. Fue muy atípico de mí, porque creo que dar ultimátums nunca es una forma efectiva de negociar. Los ultimátums tampoco son nada sanos, ¡y es que a mí ni siquiera me gustaba el sexo casual! Pero después de haber pasado la segunda década de mi vida con Alex, se habían despertado dentro de mí una sensación de curiosidad y un interés por algo nuevo. Sin duda, no estaba listo para cortar nuestro vínculo, pero sentía la necesidad de explorar. Visto en retrospectiva, ahora sé que fue un intento inconsciente de poner fin a la relación. Decir que yo estaba algo confundido es poco.

Con el paso del tiempo, Alex terminó por ceder y experimentamos durante dos meses. Pero no tardé en recordar lo poco que disfrutaba del sexo con desconocidos, lo mucho que disfrutaba del sexo con Alex y lo cómodo que me sentía con él. Los desconocidos siempre me huelen raro, y soy muy sensible a los olores raros. Hacen ruidos extraños a los que no estoy acostumbrado, y soy muy sensible a los ruidos extraños. Una cosa es si tu pareja hace un ruido extraño cuando estáis teniendo sexo porque la conoces bien y sus ruidos se producen dentro del contexto de todo un espectro de ruidos que te resultan familiares y, en consecuencia, normales. Pero es muy diferente cuando un desconocido lo hace, al menos para mí. La persona «se convierte» en el ruido extraño. Simplemente no podía hacerlo.

Así que decidí volver a cerrar la relación… o al menos eso creí.

Un fin de semana estaba en Florida con Alex mientras él se preparaba para asistir a una conferencia. El año anterior lo había acompañado a esa misma conferencia y recordaba que había sido como una enorme fiesta: muchas drogas, alcohol, discotecas. Así que estaba nervioso de que Alex fuera. Siempre temía que me engañara, y creo que una parte de mí sabía que algún día sucedería.

Y sucedió.

Durante esa visita previa a su viaje lo habíamos pasado genial y tuvimos muchísimo sexo ardiente. Hablamos del futuro, de niños y demás. Todo parecía maravilloso… hasta que me di cuenta de que había estado recortando su vello púbico, cuidando demasiado el vello corporal que nadie más debería haber estado viendo. Le pregunté por qué se molestaba en afeitarse los testículos y el perineo antes de un viaje sin su novio, a lo que él respondió que ese vello lo hacía sentir sucio. MENTIRA. No le creí. La verdad era muy evidente. Fuera Alex consciente o no, sus bolas recién afeitadas conocían el plan. Una vez más, no lo presioné.

Volé de nuevo a Nueva York y él se fue a su conferencia. Lo llamé por FaceTime con regularidad, y él actuaba raro. Así que hice lo que cualquier pareja celosa hace: le pregunté si me estaba engañando. Él lo negó y dijo que yo estaba loco. Eso no hizo más que aumentar mi temor.

Entonces, ¿qué hice yo, una persona totalmente racional y perspicaz? Creé un perfil falso en Grindr con una locación falsa que correspondía a su hotel, y fue así como lo encontré, ¡en Grindr! Perdí la cabeza. De verdad. Hice cosas por las que estoy seguro de que me juzgarías. Sé que yo me juzgo por ellas. Pero, en ese momento, lo había perdido todo de vista.

El amor hará que pierdas la cabeza

Seamos sinceros: el amor puede hacernos actuar de una forma atípica, llevarnos a comportarnos de maneras que no nos enorgullecen. Todos hemos oído decir que el amor nos hace cometer locuras, y es cierto. Eso no quiere decir que debamos aceptar o excusar esas acciones. Por el contrario: siempre debemos evitar decisiones en el presente que más tarde nos hagan arrepentirnos. Pero reconozcamos que a veces flaqueamos. Todos tenemos momentos en los que no damos nuestra mejor impresión, y ese fue uno de los míos. ¡Y vaya si flaqueé!

Una parte de amor mezclada con dos partes de inseguridad y sospecha pueden difuminar nuestro buen juicio. Es fácil que algo nos provoque de tal manera que hagamos algo que no deberíamos. Es importante, sobre todo al navegar por el loco mundo de las relaciones, que ejerzamos autocontrol, respetemos los límites y nos comuniquemos de forma abierta. Si puedes, claro. Recuerda que todos somos humanos y cometemos errores, pero esos errores son los que nos permiten aprender y crecer.

Furioso, le escribí desde la cuenta falsa que había creado. Le pregunté qué había estado haciendo. Y le pregunté si se había acostado con alguien. La respuesta: sí.

Entonces le escribí de inmediato desde mi perfil y le pregunté si se había acostado con alguien. Allí estaba yo, hablando simultáneamente con él desde mi perfil falso de Grindr mientras él aseguraba a mi yo real que no se había acostado con nadie. ¡Y a la vez estaba haciendo planes para acostarse con un yo desconocido que le había aparecido por ahí!

Estaba encolerizado. Pero en lugar de decirle que su potencial ligue de Grindr era yo, seguí con la treta. No le revelé que era yo hasta días más tarde. Esperé a que me dijera la verdad, pero, en lugar de eso, me hizo luz de gas: «Estás loco. Para ya».

Ese fue el momento en el que la relación se desmoronó. No fue tanto porque él se hubiera tirado a otro tío y a saber qué más. Claro que eso me ponía rabioso, pero la traición que me destrozó fueron sus mentiras; parecían reflejar que no tenía la madurez o la autoconciencia necesarias para comunicar lo que había pasado y por qué. A él siempre le había costado expresar sus emociones y, en lugar de intentarlo en ese momento, lo que hizo fue negar tanto sus emociones como las mías.

Alex no era mala persona. Ni siquiera sabía qué es lo que estaba haciendo o cómo se estaba comunicando. Era puro instinto e impulso. Y tomó una decisión increíblemente estúpida e hiriente al mentirme y negarlo, incluso cuando lo había pillado con las manos en la masa.

Con el tiempo hicimos algo de trabajo para entender qué había pasado. Aprendí mucho de mí mismo, nuestra relación, el amor y la confianza. El corazón de Alex se había roto cuando yo me fui a Nueva York sin él, pero nunca me lo dijo. La noche que decidimos pasar a tener una relación a distancia, él se había embriagado tanto que se había desmayado. Pero nunca me transmitió con palabras por qué se comportaba así. De todos modos, por más que no lo expresara, se sentía abandonado. Sentía que, al mudarme a Nueva York, lo que yo estaba haciendo era, en esencia, romper con él. Algo que, hasta cierto punto, era cierto.

En el fondo, no puedo saber exactamente qué sentía él. Creo que, al igual que muchas personas que no pueden comunicar sus emociones, Alex las representaba a través de su comportamiento. Lo hizo engañándome, ocultando información, culpándome y haciéndome luz de gas. Creo que lo que intentaba decir era: «Quiero sentirme valorado. Siento que me dejas todo el tiempo. Eso hace que sienta que me apartas. ¿Cuál es mi situación? ¿Cuál es nuestra situación?». Pero nunca lo dijo. Y yo nunca se lo pregunté.

En lugar de eso, él me engañó y yo perdí la cabeza.

Con el paso del tiempo, Alex asumió la responsabilidad y se disculpó conmigo. De hecho, me rogó y me suplicó. Hizo todo ese baile del arrepentimiento. Pero su arrepentimiento solo duró hasta que entendió que su engaño había sido una respuesta a nuestra angustiante dinámica relacional. Al ver en retrospectiva lo que pasó en ese capítulo de nuestra vida, veo que no hicimos un buen trabajo para manejar la situación. Fuimos a un pésimo psicoterapeuta de parejas que nos hizo hacer ejercicios de comunicación, pero en realidad nunca hizo nada por nosotros. Así que dejamos de ir. Deberíamos haber ido a otro terapeuta, pero me convencí a mí mismo de que era una pérdida de tiempo. Un grave error. Tuvimos un par de sesiones con Derek, pero eso fue todo.

Al margen de que estéis contemplando una ruptura o no, acudir a terapia debería ser la primera línea de defensa. En el peor de los casos, quizás decidáis separaros, pero entonces tendréis a un profesional que os guíe. En el mejor de los casos, quizás aprendáis nuevos métodos para manejar desacuerdos, lo que puede conducir a la formación de un vínculo más fuerte y sano.

Los límites del arrepentimiento de Alex no tenían que ver con una falta de empatía, sino que eran un reflejo de los límites de su capacidad para procesar y comunicar emociones. Nunca describió lo que le estaba pasando. Derek lo expresó con palabras y Alex estuvo de acuerdo, pero eso fue básicamente todo. En un caso ideal, haber tenido una visión más clara de sus motivaciones habría conducido a la revelación de que hacía falta más entendimiento y un cambio.

Alex debería haber acudido a un psicoterapeuta por su cuenta para saber qué era lo que le hacía cerrarse tanto, no solo conmigo sino consigo mismo. ¿Por qué no compartía su dolor conmigo? ¿Por qué lo compartía a través del daño que me hacía? ¿Cuál era el origen de eso? Le insistí en que hiciera terapia él solo, pero no quería ir, y yo estaba harto de tener que ser el que se lo dijera.

Lo que más me sorprendió fue lo mucho que me excitó que me engañara. Desde luego, fue algo doloroso, pero una vez que superé el choque (por así decirlo), se convirtió en el mayor factor de excitación. Quería que me contara esa experiencia. Yo tenía fantasías al respecto. Empezamos a tener tríos. Revitalizó nuestra vida sexual. No es que necesitáramos revitalizarla, ya que siempre fuimos una bomba en la cama. Pero era como si el engaño hubiera echado gasolina a las llamas de esa explosión. Nos costaba mantener las manos alejadas del otro. En cierto nivel, nos ayudó a unirnos. Como afirma Esther Perel, hay una «carga erótica intensa que a menudo sigue al descubrimiento de una aventura». Y, sin ninguna, en nuestro caso hubo una carga significativa.

Pero nunca volví a confiar en él.

Tres años más tarde, fuimos de viaje en un crucero con su familia. Una noche, durante la cena, estábamos hablando con sus padres sobre la posibilidad de tener hijos. Todo me parecía agradable y emocionante. Luego perdí a Alex durante una hora... hasta que lo vi salir de uno de los baños de la cubierta del barco con un tío joven.

Perdí la cabeza... de nuevo. Quiero decir, perdí los estribos por completo y me convertí en una persona completamente diferente.

Durante esa noche en el crucero, todo se fue al traste. Alex negó haberme engañado, pero su comportamiento no había sido inocente. Ese momento marcó el principio del fin. No se trataba de la verdad contra la mentira, ni de que él hubiera hecho quién sabe qué con un tío cualquiera. Se trataba de que yo me había dado cuenta de que no importaba qué hubiera ocurrido porque no creía nada de lo que él dijera; la verdad era irrelevante porque ya no quedaba nada de confianza.

Por lo general, soy capaz de mantener la compostura, sobre todo en público. No me gusta discutir o tener conflictos frente a los demás, sobre todo cuando se trata de parientes. Y unas vacaciones familiares a bordo de un barco no eran ni el momento ni el lugar indicado para hacerlo. En mi caso, mantener la compostura en público no tiene que ver con la privacidad o lo apropiado que sea, sino con lo productivo que es. No se pueden tener conversaciones genuinas, transparentes y vulnerables frente a un público.

Dejé de hablarle. Nunca antes había estado tan enfadado con él. Regresamos a casa y yo tenía planeado regresar a Nueva York.

Yo estaba más frío que el hielo. Se había acabado. ☹

La infidelidad es algo horrible. Puede despertar emociones y comportamientos de lo más descabellados. Desde espiar a tirarse a alguien por venganza... la mayoría de la gente pierde la cabeza. Ante todo, no hay nada de malo en ello. No está mal tener sentimientos intensos y hacer «locuras». Está bien. Si quieres trabajar para superar una infidelidad, puedes hacerlo. Muchas de las parejas que atiendo han pasado por eso y, de hecho, se recuperan y vuelven a formar una relación nueva más fuerte y con una mayor conexión (en lo sexual y no sexual) de lo que era antes. En algunos casos, la infidelidad puede ser un catalizador para la sanación; un catalizador doloroso, pero que de todas formas puede conducir a resultados positivos. Por otro lado, hay otras tantas parejas que nunca se recuperan de la infidelidad y terminan relaciones de años. Esto no hace más que demostrar lo profunda que puede ser la herida de una traición.

Hay un cierto umbral que no permitimos que nuestra pareja supere y, para mucha gente, esa línea es la infidelidad. Para algunos, engañar a la pareja es una cuestión moral que a menudo deja al infiel marcado con una letra escarlata. La creencia de que «si es infiel una vez, volverá a serlo» prevalece y, si bien algunas parejas infieles también son maltratadoras, no todas son de por sí malas. La infidelidad no es un accidente, sino una respuesta a un anhelo profundo, ya sea por algo que falta en la relación o por uno mismo. Sin embargo, esa no es una manera efectiva de abordar ningún problema. Tener conversaciones abiertas y honestas, u otro tipo de esfuerzo constructivo que no cause daño a otras personas, es siempre una estrategia mejor.

El engaño y la infidelidad son muy complicados. Es poco probable que se trate de alguien que sea simplemente un idiota narcisista. Pero no me malinterpretes, que hay muchísimos idiotas dando vueltas por ahí. Lo cierto es que la infidelidad suele surgir de una dinámica relacional significativa... no de una patología.

Con esto no intento minimizar el terremoto que una infidelidad puede provocar en una relación. Pero debes entender que este tipo de engaños no dejarán de existir. Y que sería mejor para ti dedicar esfuerzo a intentar entender ese comportamiento que condenarlo de inmediato.

Sin duda, no es algo que se pueda superar en solitario. Después de una infidelidad, el torrente de emociones puede ser tan abrumador que disminuye la capacidad de ambas partes de la pareja para tomar decisiones racionales y pensar con claridad. (En esas circunstancias, el amor puede volverte realmente loco.) Es necesario recurrir a la ayuda de un tercero neutral para que haga las veces de mediador en el proceso de recuperación, por más que estéis considerando terminar la relación. Ve a tu propio psicoterapeuta personal. Id a terapia de pareja. No os deis por vencidos demasiado pronto. No te tomes esto como una orden, sino como algo a tener en cuenta, sobre todo si la relación es valiosa para vosotros y os ha traído alegría. Recuerda que vale la pena explorar la posibilidad de sanar y crecer antes de tomar la decisión final.

Alex y yo: la culpa no fue de nadie

Al final, decidí poner fin a la relación. No porque no quisiera a Alex —lo amaba más de lo que había amado a nadie en mi vida—, ni porque él me hubiera engañado o mentido, aunque sin duda eso me había dado el último empujón. Le puse fin porque no veía un camino hacia adelante para nosotros. No podía confiar en que cuando surgiera algún desafío en la relación, él fuera abierto y honesto conmigo. Quizás no fue todo por el engaño. Quizás fue todo por el engaño. No lo sé. Lo que sí sé es que no lo odiaba por eso. No estaba enfadado. Solo estaba muy triste.

Quería que siguiéramos juntos. De verdad. Pero sabía que una parte de mí no podía hacerlo. Seguro que habría sido más fácil para mí echarle la culpa de todo a su engaño, decirme a mí mismo: «Te engañó, te mintió y te hizo luz de gas. Tienes que salir de ese nivel de toxicidad». Muchas personas hacen eso. Culpan al otro: «Fue su culpa; él me hizo esto». A menudo, enfadarse es una manera más fácil de tomar distancia frente a una situación, en lugar de afrontar la tristeza y el duelo de una pérdida. Pero no fue culpa de nadie. Alex y yo tan solo éramos diferentes. Nos habíamos distanciado con el tiempo. No había funcionado.

Lamentablemente, fue solo tras haber tomado cierta distancia de la relación cuando empecé a comprender mi propia incapacidad para tolerar algunos de sus aspectos, y algunas cosas de Alex. Empecé a reorganizar la rigidez de mis patrones de pensamiento, sobre todo en lo que refiere a las necesidades que quería satisfacer y las razones detrás de esas necesidades. [51]

Nuestras creencias —las que consideramos verdades absolutas— pueden ser más flexibles de lo que pensamos, si es que estamos dispuestos a ser flexibles nosotros mismos. Las perspectivas que tenemos acerca de los demás son inherentemente sesgadas, pero dan forma a nuestras interpretaciones, que a su vez dictan nuestras reacciones. Sin embargo, nuestra perspectiva no es una verdad absoluta ni completa. Apenas es una interpretación específica y subjetiva del mundo, y es susceptible a errores y distorsiones.

Hacernos cargo de nuestros sesgos puede conducir a revelaciones muy valiosas. En mi caso, entendí que podría haber encarado de otra manera las imperfecciones de Alex, que en algún momento me habían parecido insalvables. Una vez reconocí esto, vi que tenía el poder de dar otra forma a mi perspectiva, de flexibilizar lo que antaño era rígido.

Las actitudes que tenemos hacia nuestra pareja y cómo la percibimos influyen en gran medida en cómo se siente la relación y en su curso. Si nos aferramos con obstinación a visiones rígidas, corremos el riesgo de crear conflictos e insatisfacciones innecesarios. Al abrirnos a nuevas perspectivas, podemos crear espacio para el entendimiento, la aceptación y el crecimiento mutuo.

---

51. Perel, *The State of Affairs*, p.100.

Alex intentó volver conmigo… haciendo prácticamente todo menos lo que yo necesitaba que él hiciera. Si hubiera ido a terapia, si hubiera leído un libro de autoayuda o rogado que fuéramos a una sesión de terapia de pareja, podríamos haber seguido juntos, tenido hijos. Pero no lo hizo, y yo no le dije lo que necesitaba para quedarme con él. Pude haberlo hecho, pero no lo hice. Así que yo nos rompí el corazón.

9. El final (o algo así)

> Todas las relaciones empiezan, y terminan, con una separación. [52]
>
> James Hollis

Si prestamos atención a cosas como el día de San Valentín, las bodas, los aniversarios, las lunas de miel, las fiestas de compromiso, las despedidas de soltero y de soltera… está claro que estamos obsesionados con celebrar el amor. Pero ¿qué ocurre cuando una relación termina? ¿No hay algo que marque también esos momentos? ¿Por qué no estamos igual de obsesionados con el desamor?

¿Dónde están las aplicaciones para el móvil que ayuden a una pareja a separarse? ¿Dónde están las fiestas de divorcio que reflejen la alegría de una fiesta de compromiso? El fin de una relación marca un nuevo comienzo, una oportunidad de redefinirse a uno mismo. Una ruptura es un acontecimiento importante (quizás incluso más que un compromiso). Sin embargo, las normas culturales parecen callar por completo al respecto. La mayoría de las personas ni siquiera hablan de sus rupturas. En lugar de eso, ignoramos, negamos y lloramos en silencio.

¿No deberíamos también animar y apoyar a las personas cuando eligen salir de una relación, del mismo modo que celebramos cuando inician una?

La decisión de terminar una relación a menudo llega tras mucha angustia e introspección. Hace falta coraje. Podríamos incluso

52. Hollis, *The Eden Project*, p.11.

decir que es más difícil terminar una relación que empezar una. Una ruptura puede ser un paso importante hacia el crecimiento y la felicidad personales. Ya es hora de que también honremos el coraje de dejar ir cuando las cosas no funcionan.

La verdad es que los inicios y los finales no son más que extremos opuestos de un mismo espectro. El fin de una relación es igual de significativo que su comienzo. Los inicios están repletos de posibilidades y esperanzas. Los finales pueden ser difíciles o tristes, pero también traen consigo crecimiento, entendimiento y la oportunidad de reflexionar sobre uno mismo.

Todas las relaciones, sin importar cuánto duren o lo intensas que sean, nos enseñan algo sobre nosotros, sobre los demás y sobre el significado del amor y las conexiones. Por lo tanto, un final no es un fracaso, sino una oportunidad transformativa para crecer. Puede suponer un cierre, dar algo de perspectiva y permitir que entendamos mejor nuestros deseos, necesidades y patrones. Y lo que es más, puede conducirnos a relaciones mejores y más satisfactorias. ¡Y eso es muy importante!

Siguiendo con el mismo tema, los finales pueden ser tan diversos como los inicios. Algunos quizás sean abruptos, otros son graduales; algunos pueden ser mutuos, mientras que otros tal vez sean más unilaterales. No importa de qué naturaleza sean; merecen la misma atención, el mismo respeto y la misma comprensión que los inicios.

Irónicamente, la ansiedad de que una relación termine existe desde el principio, con todas esas preocupaciones que tenemos sobre posibles daños y situaciones hipotéticas que sirven para protegernos de cualquier dolor futuro. Cuando tenemos citas, lo hacemos con una larga lista de necesidades que en realidad no necesitamos. Jugamos a la hora de responder mensajes de texto, valorando si damos una respuesta muy rápida o muy tardía. Hay quienes dejan de responder a la otra persona sin ningún aviso (si tú eres así, deja de hacerlo). Algunas personas resguardan las emociones y aguardan para revelar su «yo» verdadero. Evitamos conversaciones difíciles. Le seguimos el juego a la otra persona porque no queremos herir sus sentimientos. Y todo eso lo hacemos para evitar el dolor de un final en cualquiera de sus versiones.

Terminar una relación (incluso la relación que tienes con tu entrenador personal, tu psicoterapeuta o tu peluquera) puede conllevar una incomodidad considerable. A veces se requieren meses o incluso años para superarlo del todo. ¿Y terminar una amistad? Puede ser insoportable y hacer brotar sentimientos intensos de vergüenza y tristeza. Yo incluso estoy contemplando terminar mi relación con la ciudad de Nueva York, pero parece que no soy capaz de dejarla ir.

Sobre el fin de cualquier relación

Si estás en el proceso de poner fin a cualquier relación, ten esto presente.

Los finales de las relaciones son como una montaña rusa, así que tómate el tiempo que necesites. A veces, las emociones perduran durante años. (Doy fe de ello en primera persona.) En otros casos, el proceso de sanación es más fácil. Lo más importante que debes recordar durante una ruptura o cualquier clase de pérdida significativa es que debes priorizar tu autocuidado.

Se ha hablado mucho del autocuidado en estos últimos cinco años, hasta el punto de hacerme poner los ojos en blanco de exasperación. Pero sí que es importante, sobre todo durante una pérdida. Piensa en el fin de una relación como si pensaras en una cirugía ortopédica. Imagina un reemplazo de rodilla o cadera.

Al principio, todo empieza con algo de dolor e incomodidad. A veces, puede que pasen años antes de dar los pasos necesarios para pasar a una intervención quirúrgica. Quizás recurramos primero a la fisioterapia o los estiramientos. Pero llega un momento en el que el dolor es insoportable y ya no nos queda alternativa. Entonces nos sometemos a la cirugía (trauma corporal) y a una breve estancia en el hospital, seguido de un período de descanso y reposo en casa. Con el tiempo, quizás empecemos a dar pasos tentativos, a caminar despacio. La fisioterapia se convierte en parte de la rutina para ayudarnos a recuperar nuestra vida anterior. Sin embargo, es posible que algunos días traigan de nuevo ese conocido dolor de articulaciones. Lo único que podemos hacer en ese momento es respirar profundo, estirar, descansar y ofrecerle al cuerpo lo que sea que necesites para calmar la incomodidad. Es un proceso definido por la sanación y el resurgimiento ocasional del dolor. Esto requiere compasión... sí, esa palabra que tanto se usa, pero aquí es fundamental.

Es esencial que compartas tu dolor con alguien, ya sea un psicoterapeuta, un amigo o un familiar (idealmente, un psicoterapeuta). La carga puede ser agobiante, sobre todo al principio, y habrá recuerdos inesperados que te pillarán con la guardia baja. Así que tener un sistema de apoyo es fundamental. Por último, ten paciencia con el ritmo de tu sanación y acepta en qué momento del trayecto te encuentras.

Una montaña rusa

Me quedé totalmente hecho pedazos. Implosión. Explosión.

Una amputación autoinfligida de la fuerza más afectuosa y estabilizadora que tenía en mi vida.

Fue intenso. Nadie te prepara para la experiencia del fin de una relación. Yo estaba devastado, y Alex estaba devastado. Luego atravesamos un largo proceso en el que él quería volver; después yo quería que volviéramos cuando él ya había seguido con su vida; después él, después yo... digamos que fue difícil. Ambos echábamos de menos lo que habíamos tenido y no queríamos soltarlo.

Pasamos los tres años siguientes hablando todos los días, al igual que cuando estábamos juntos, pero como «amigos». ¡Amigos!

Y aquí es cuando comienzan las opiniones. Está bien. He oído de todo:

- «Eso no suena muy sano.»
- «Eres adicto a él.»
- «Deberías dejar de tener contacto. Es lo mejor.»
- «O quizás tomaos un descanso. Dejad de hablar por un tiempo.»
- «Dices que quieres una relación, pero todavía hablas con tu ex. ¿Crees que por eso sigues soltero?»

¡Uf! De acuerdo, está bien. Quizás no fue sano. Quizás deberíamos haber dejado de hablar… o al menos haber hablado menos. Tal vez podría haber fijado un par de límites. Era posible que ese fuera el motivo por el que seguía soltero. (Aunque sigo sin creer que fuera eso. Volver a tener citas fue otro desastre; ya hablaré más adelante de eso.)

Sea como sea, fue algo más complicado que una simple decisión objetiva.

Fue en ese momento cuando comenzaron a aparecer las publicaciones de Instagram que alentaban a implementar la regla de contacto cero, e implícitamente hacían que todo aquel que siguiera la relación con su ex se sintiera avergonzado. Pero la historia de las relaciones y sus finales es demasiado compleja como para poner en práctica cambios centrados en soluciones específicas y así reducir el dolor. De todos modos, todos mis amigos, e incluso todos los terapeutas en Instagram, aconsejan no hablar con un ex. Nada de contacto, abstinencia absoluta, cero comunicación… lo que a mí me parece una locura.

En mi trabajo, he notado que más de la mitad de mis clientes siguen comunicándose con antiguas parejas, manteniendo algún tipo de conexión. Incluso una amistad. Esto ocurre a pesar de los consejos desalentadores que recomiendan cortar totalmente la relación. Pero quizás nosotros como sociedad nos beneficiemos más de intentar entender esa necesidad por continuar la conexión con un ex en lugar de condenarla o de aconsejar hacer lo contrario. Tal vez sea hora de reconsiderar nuestra actitud hacia las conexiones posruptura. En vez que descartarlas como algo enfermizo, podríamos intentar entender el motivo detrás de nuestra decisión de continuar con ese contacto. Después de todo, cada relación y cada ruptura son únicas, y las dos (o más) personas involucradas en una relación rota son quienes mejor saben discernir qué es útil para sus necesidades emocionales y su crecimiento personal.

Además, la idea de sacar a un ex de tu vida por completo es extremadamente heteronormativa. Muchas personas *queer* (como yo) no pueden ampararse en su familia de origen. Por eso, a veces nuestra «familia» son nuestros amigos, parejas y exparejas, las personas con las que creamos conexiones profundas. Alex fue mi familia durante diez años. Así que, para mí, no era tan fácil sacarlo de mi vida por completo.

Una vez más, el contexto lo es todo

En el momento de mi ruptura con Alex, la relación que tenía con mis familiares era bastante tensa, hasta tal punto que sentía que no tenía familia (algo que ahora no tengo). Así que la idea de dejar de hablar de pronto a alguien que se había convertido en mi familia era ridícula.

Alex y yo nos escribíamos mensajes de texto a diario. Hablábamos con frecuencia. No nos veíamos, pero en un sentido emocional, seguíamos siendo el compañero de vida no oficial del otro. Por un lado, era agradable; por el otro, yo estaba recreando una intimidad sin límites. A veces incluso atravesábamos fases en las que sexteábamos o nos enviamos videos sexuales. (Ya lo sé, no era algo estupendo.)

Durante un tiempo, ninguno de los dos estuvo saliendo con nadie, así que podíamos ser el Plan B del otro. Al menos eso era lo que nuestras interacciones me sugerían. Y durante esas interacciones, yo recaía en la misma posición en la que me había encontrado cuando estábamos juntos: un lugar de silenciosa falta de poder. Yo no le hablaba a Alex al respecto y, desde luego, él tampoco lo mencionaba.

Su comportamiento sugería que él todavía sentía algo por mí, pero también decía cosas como «estamos en caminos separados». Después me escribía «buenas noches» o «buenos días», y quizás me enviaba una foto de su pene. En retrospectiva, no puedo creer que nunca habláramos de esas señales contradictorias. No puedo creer que yo no hablara sobre ellas. ¡Ese es literalmente mi trabajo!

Si estás atravesando una ruptura, habla todo lo que quieras con tu ex, siempre que no te haya maltratado; habla de lo que sea necesario hablar. Forma una nueva relación después de la separación, una que esté definida por otras reglas. Si evitabas conversaciones difíciles cuando estabais juntos, no lo hagas ahora en esta nueva relación remodelada. Sé honesto contigo mismo y sé valiente. Si tienes sentimientos residuales hacia tu ex, está bien seguir en contacto, pero asegúrate de fijar límites firmes. Conversa con tu ex (y contigo mismo) sobre lo que está sucediendo. No lo ignores, por más que la otra persona quiera hacerlo.

No le hables a tu ex como si todavía fuera tu pareja. No necesitas decir «te amo» antes de subir a un avión si es que habéis roto. Pero si quieres seguir teniendo una relación de amistad, viendo cómo está de vez en cuando o pasando el rato juntos, yo te diría que lo hagas. Compartid noticias de vuestra vida profesional. Compartid sucesos importantes e hitos personales.

Yo seguía hablando con Alex como lo hacía cuando estábamos juntos, y creo que eso era lo que me tenía estancado. Quizás sea incluso el motivo por el que sigo soltero hasta el día de hoy. (Quizás las cosas hayan cambiado para cuando este libro se haya publicado. Al menos, espero que así sea, o terminaré haciendo la gira del lanzamiento del libro desde la sala de hospitalización del Bellevue.) En lo profesional, las cosas habían comenzado a despegar, pero mi vida personal y familiar caía en picado.

Para empezar, mi padre murió. Estuvo enfermo toda mi vida y pasó sus últimas horas conmigo… solo conmigo. Y eso lo elegí yo. La unidad de cuidados paliativos fue una agonía. Recuerdo los olores, los ruidos. Él ya era un vegetal por aquel entonces. Le sostuve la mano, y nunca nos habíamos dado la mano. Le hice escuchar sus canciones favoritas (*My Way* de Frank Sinatra y *Bufallo Soldier* de Bob Marley), y lo quise como yo había querido que él me quisiera a mí. Lo besé en la frente y lo abracé. Nunca antes nos habíamos besado ni abrazado. Me despedí de él. Murió una hora después de que me fuera.

Alex estuvo presente en cada paso de ese recorrido (repito que seguíamos separados). Estuvo allí cuando recibí la noticia junto a toda mi familia y se quedó para la *shivá* y todo lo demás.

Esa noche nos besamos en la entrada de casa. Le rogué que se quedara, pero no lo hizo. Y como era típico de nuestra dinámica, nunca hablamos de eso. Regresé a Nueva York y nuestra relación por mensajes de texto continuó. Estaba claro que yo necesitaba un cambio.

Como tenía pocos amigos en Nueva York y quería algo nuevo, hice una breve escapada a Los Ángeles… que inesperadamente se extendió meses y, en última instancia, se convirtió en una mudanza semipermanente. Y así como si nada, de pronto me encontraba viviendo en ambas costas, una experiencia emocionante y estresante que se encontraba fuera de mi zona de confort. Alex también estuvo presente en todo eso. Durante ese tiempo, sexteábamos y hablábamos sin parar. Todo parecía muy íntimo. Él incluso hablaba de visitarme en Los Ángeles. Sentía que esa visita sería algún tipo de prueba para nuestra relación. Es posible que estuviera imaginando cosas, pero estoy seguro de que lo que teníamos entre manos era mucho más que una amistad inocente.

Él nunca vino a visitarme porque, dos meses más tarde, conoció a otra persona.

Jodeeeer.

Uf. Yo estaba seguro de que no iba a durar. Pero, poco a poco, Alex dejó de responder a mis mensajes con la frecuencia a la que estaba acostumbrado. Se acabaron las «buenas noches». Se acabaron los «buenos días». Sé que debes estar pensando que ya no estábamos juntos y que todo eso era normal. Pero nosotros seguíamos haciendo todo eso. Era a lo que me había acostumbrado durante los cuatro años tras la ruptura... o mejor dicho, durante los catorce años desde que nos habíamos conocido.

Este cambio repentino me hizo caer en una espiral de estrés postraumático, que disparó un episodio depresivo, algo que no había vivido desde la adolescencia. Estaba hecho un desastre. Habría sido diferente si los mensajes de texto hubieran continuado y él solo se hubiera ido distanciando. Pero dejó de responder mis mensajes por completo. Una vez, le pregunté sobre su nueva relación (como un idiota) y le dije algo así como «¿lo amas?». Cuando me respondió que «sí», entré en un estado de ansiedad que duró semanas. Dejé de comer y bajé tres kilos. Empecé a consumir ansiolíticos como si fueran golosinas y volví a tomar antidepresivos, los mismos que había dejado de tomar hacía quince años. ¡Hola de nuevo, Zoloft!

Sabía en qué punto me encontraba. Sabía qué estaba pasando. Me resultaba familiar, como un amigo a quien hacía años que no veía. Pero no quería volver ver a ese viejo amigo. Quería que ese amigo se fuera y quería que Alex me siguiera hablando. Quería que él y su nueva pareja cortaran. Quería que las cosas fueran cualquier cosa menos lo que eran. Pero cuanto más me resistía a la realidad, peor me sentía. Le envié algunas locuras por mensaje de texto (un error) y, finalmente, la situación llegó a su punto crítico.

Por fin le expresé cómo me sentía.

—Creí que terminaríamos juntos —le dije—. Hemos estado hablando todos los días. Dijiste que vendrías a visitarme a Los Ángeles. Y ahora, nada. Apenas sé de ti.

—Han pasado cuatro años —me respondió, actuando como si yo estuviera loco—. No entiendo de dónde ha salido todo esto.

Su tono genuinamente confundido me sacudió el cuerpo. Quizás yo me lo había imaginado todo en mi mente. Él parecía creer que así había sido. Derek y mis amigos me aseguraban que, viendo los hechos, eso no era así. Me recordaron lo mucho que Alex y yo habíamos hablado después de la separación. Me recordaron los mensajes sexuales y los videos que él había enviado hacía poco tiempo. La intimidad seguía ahí. La confusión de Alex era exactamente el mismo tipo de negación e incapacidad de discutir las dinámicas presentes que me había conducido a terminar la relación en primer lugar. Era casi como una prueba de eso. Un enorme recordatorio.

Le dije que no quería que siguiéramos hablando. Y eso fue todo. Sentía como si acabáramos de volver a cortar.

Tenía el corazón roto y estaba en un estado de duelo y negación. Mis sentimientos también tenían que ver con lo que significaba perder a Alex en el contexto de mi vida como un todo. (¿Recuerdas la discusión sobre el contexto en el capítulo dos? Quiero señalar aquí lo importante que es.)

Siempre que estés pasando por algo difícil, debes tener en cuenta todo el contexto. Empieza por tu familia y luego pasa a tus amistades, tu trabajo, tu entorno y más allá. Si no tienes una relación estrecha con tu familia, si tienes dificultades sociales, si tienes dudas sobre tu trabajo o si detestas tu hogar, cualquier pérdida será durísima. Hay capas o ámbitos de influencia que ejercen presión en determinadas situaciones y hacen que se sientan más intensas. Si te tuerces el tobillo y ya tienes problemas de rodilla, el dolor del tobillo será peor. Lo mismo ocurre con las relaciones.

Este era mi contexto: había perdido a mi compañero de vida. Yo le había puesto fin a esa relación. Había perdido a mi perra/hija *Zoey*. Había perdido a mi padre, que había muerto. Había perdido a mis hermanos. Estábamos distanciados. Tenía pocos amigos en Nueva York y acababa de instalarme en un segundo hogar en Los Ángeles. Si bien había hecho varios amigos, eran relaciones nuevas. Mi madre era anciana; todavía estaba viva, pero ya era mayor y no podía estar presente para mí del modo que yo quería. Y yo estaba solo.

También estaba el contexto de mi historia personal, que era aún más importante. Mi infancia había estado plagada de situaciones de abandono, descuido, maltrato y angustia emocional. Esto había resultado en una sensación generalizada de inseguridad e inestabilidad que afectaban a mi capacidad de sentirme seguro y querido. Mi familia, que idealmente debería haber sido mi fuente de amor, apoyo y seguridad, era, en cambio, la instigadora de mi dolor.

Mi relación con Alex me había ofrecido el amor y la seguridad que había deseado tener desde la infancia. En muchos sentidos, Alex era un símbolo de la seguridad emocional que me había faltado en mi infancia. Y ahora me enfrentaba a la pérdida de lo que Alex representaba: amor, seguridad y aceptación. Así que cuando reconocí que Alex realmente había seguido adelante, eso exacerbó mis sentimientos de soledad y rechazo, que eran un reflejo del abandono que había vivido de niño.

Mi experiencia con Alex despertó emociones que había suprimido durante años e inició lo que Derek llamó una crisis obsesiva: un estado de ansiedad e incomodidad extremas en el que me consumían pensamientos, impulsos e imágenes indeseados. James Hollis ahonda en este concepto cuando dice: «Lo inconsciente permanece reprimido hasta que se activa, en cuyo momento se proyecta hacia otra persona. Una identificación proyectiva obsesiva ocurre cuando a esa otra persona se le encarga que cargue con la pieza que nos falta, lo que la convierte en la portadora de nuestro bienestar o, en caso contrario, en nuestra mayor amenaza». A lo largo de esta experiencia, Alex parecía ser la pieza del rompecabezas que le faltaba a mi vida. Sentía como si él tuviera la clave para desbloquear mi capacidad de tener una vida repleta de significado. Si bien fue muy doloroso, esto me dio a mí y a Derek la oportunidad de indagar sobre qué es lo que mi mente inconsciente intentaba revelar. En nuestras sesiones reevaluamos la importancia de mis sentimientos y los reconocimos como una proyección de experiencias pasadas de abandono y trauma. Mi tarea era, como Hollis y otros psicoterapeutas han sabido decir, hacer consciente la dinámica inconsciente. Hollis continúa: «Se nos invita a afrontar eso mismo que era demasiado grande para que el niño lo soportara o asimilara. Es el recuerdo reflexivo de esa insoportable cantidad de afecto lo que hace que la obsesión perdure». Tal como Hollis sugiere con gran sabiduría, yo necesitaba comprender que, como adulto, poseía la capacidad de soportar lo que antaño parecía insoportable. Tenía que aceptar aquello que no podía aceptar de niño: estaba solo y siempre lo había estado. Además, debía reconocer que, como adulto, mi soledad era fundamentalmente diferente a la soledad de la infancia. Era manejable. Ya no tenía que albergar el mismo nivel de temor que había plagado mi vida entera.[53]

La noche en la que me di cuenta de todo esto, lloré de manera descontrolada durante mucho tiempo. En ese momento, no solo logré una conexión, sino que sentí que todo estaba relacionado.

Sin duda, lo que impulsó la conexión que mantuve con Alex en los años que siguieron a nuestra ruptura fue el amor que yo todavía sentía por él. Pero el hecho de aferrarme de forma rígida e implacable a ese apego tenía que ver con mi trauma pasado y con mi deseo desesperado de no tener que volver a enfrentarme a eso. Cuanto más me aferraba a Alex, más podía negar el dolor de mis pérdidas pasadas y presentes. El trauma es un regalo que nunca acaba.

He pasado décadas desentrañando y analizando mi trauma. Y he pasado décadas ayudando a otros a hacer lo mismo. Sin embargo, los remanentes de mis vivencias perduran. Lo que ocurre con el trauma es que simplemente no se detiene. No hay cura; continúa viviendo con nosotros. Permanece en nuestro cuerpo, a menudo por debajo del nivel de conciencia. Al igual que una sombra constante, puede colarse en nuestras experiencias presentes e influir de manera sutil (o no tanto) en nuestros pensamientos, sentimientos

53. Hollis, James (1996), *Swamplands of the Soul: New Life in Dismal Places*, Inner City Books, Toronto, pp.87–88.

y acciones, incluso cuando no estamos pensando explícitamente en los eventos traumáticos.

Es un proceso continuo. Trabajar en él puede ser complejo y requerir una gran cantidad de tiempo, pero es una parte esencial de la sanación y de la capacidad de seguir adelante.

Seguir adelante (o algo así)

La vida comienza al otro lado de la desesperación.

Jean-Paul Sartre

Un mes después de terminar mi relación, fui a una charla de Esther Perel en el centro cultural 92nd Street Y. Hizo una encuesta entre el público, como siempre hace, y preguntó: «¿Cuántos de vosotros estáis en una relación o casados?». Por primera vez en mucho tiempo, yo no era una de esas personas. Luego preguntó: «¿Cuántos de vosotros estáis solteros?». Al levantar la mano, una lágrima se deslizó por mi mejilla. Me sentí vulnerable. Me pareció demasiado oficial.

Quizás esto parezca excesivamente dramático, pero si alguna vez has terminado una relación larga, sabrás que se trata de un trauma que requiere una dosis enorme de desprogramación. Las rupturas, por más que sean autoinfligidas, son como una cirugía a corazón abierto. Nada te prepara para esa clase de pérdida. Nuestra cultura no deja espacio a las complejidades que tiene finalizar una relación. Ya sea un familiar, una amistad o una pareja, no reconocemos ni damos crédito a la profundidad de ese tipo de pérdidas. Ante un final, el foco principal está puesto en el cierre y en seguir adelante.

Hablemos de las comedias románticas por un segundo. Las comedias románticas a menudo muestran a una mujer heterosexual que se encuentra en la fase de «volver a ser yo misma» y los hombres suelen presentarse como seres con una menor complejidad emocional. El argumento, por lo general, gira en torno a que la mujer se toma un tiempo para sí misma, se va de viaje, vuelve a tener citas o tiene que superar algún tipo de adversidad alocada antes de conocer a su siguiente pareja. También puede que termine viviendo feliz para siempre, pero sola, en un estado de autoaceptación, independencia y fortaleza.

Bueno. Es una fantasía maravillosa, pero la realidad no es así.

Yo no estaba preparado. Yo también pensé que todo sería como en una comedia romántica. Reservé viajes. Intenté encontrarme. Practiqué yoga. Medité. «Volví a ser yo.» Bueno, en cierta medida. Terminar mi relación me obligó (una vez más) a hacer frente a una serie de desafíos pasados, presentes y futuros. Era una ecuación de álgebra: infancia + trauma + ser gay + distanciamiento de la familia/ruptura = duelo prolongado. ¿Cuál es la ecuación en tu contexto?[54]

Suele ser infancia + trauma + identidad personal + comunidad social + trayectoria profesional + seguridad financiera + acceso a recursos y salud. Es importante reconocer todos los factores presentes en cualquier transición que atravesemos en la vida, ya que ignorar uno de ellos podría resultar en la exclusión de una parte importante de tu historia.

Esta no es una historia de amor con un «y vivieron felices para siempre». Llevo soltero desde que Alex y yo cortamos. Hubo varias ocasiones en las que quise volver a estar con él, pero solo cuando él no quería volver a estar conmigo. Todavía pienso en él todos los días. Todavía sueño con él por las noches.

Llevo solo mucho tiempo. Y es difícil.

He tenido mucho éxito en mi trabajo. He hecho nuevas amistades. ¿Y la confianza en mí mismo? Por fin sé quién soy, me siento seguro y he llegado a una autodefinición con la que me siento realmente a gusto. Pero sigo atascado en mi vida romántica. Todas las personas con las que salgo me frustran. Nadie se comunica. Parece imposible que alguien llegue a estar lo suficientemente

---

54. Sartre, Jean-Paul (1954), *El ser y la nada: ensayo de ontología y fenomenología*, Ibero-Americana, Buenos Aires.

interesado para quedarse. Además, no se trata solo de las otras personas. Soy yo. Hace mucho tiempo que no siento algo.

Los cumpleaños y las celebraciones han sido terribles. No son más que recuerdos de mi pérdida y mi soledad. Mi primera Navidad después de romper con Alex fue horrible. Desde luego, la pasé con Alex; lloramos. Su familia expresó su deseo de que permaneciéramos juntos. Alex y yo tuvimos sexo. Fue un desastre. Sin embargo, me alegra haber pasado ese tiempo con ellos. Todavía los sentía como mi familia. Aún sentía que Alex era mi familia.

Las fiestas que siguieron fueron igual de difíciles. Les tenía pavor. Echaba de menos a su familia (todavía lo hago). Echaba de menos nuestras rutinas. Echaba de menos tener a alguien a quien sorprender, alguien con quien ir a hacer las compras de Navidad y buscar regalos bonitos. Comprar papeles de colores para envolver y lazos vistosos. (Yo solía darlo todo en la preparación de las fiestas.) La falta de todos esos momentos había dejado un vacío; los echaba muchísimo de menos. Alex sentía lo mismo y, en esas épocas del año, yo anhelaba intensamente esas experiencias compartidas.

Ay, por Dios, ¡y ni me hagas hablar del día de San Valentín! Alex y yo teníamos una tradición en la que preparábamos sushi e intercambiábamos regalos. Era un momento muy tierno, y siempre lo esperaba con muchas ganas. Así que yo no estaba preparado para convertirme en un observador en vez de ser partícipe en esta fiesta tonta. La verdad es que fue horrible.

Todavía echo de menos a Alex con frecuencia. No es que solo lo eche de menos a él. Es una metáfora. Es la vida que teníamos. Es el poder hablar en plural de «nosotros». «Haremos» esto, «visitaremos» a unos amigos, «iremos» a Francia en verano. En lugar de «reservé un vuelo para viajar solo. Todavía no sé con quién iré».

Cada vez que hablo con alguien sobre estos sentimientos, la otra persona pregunta enseguida: «¿Crees que lo has superado?». En ese momento grito por dentro y respondo con toda la amabilidad que me es posible: «Creo que sí». Pero la relación que tenía con Alex tuvo un papel tan enorme en mi vida que no estoy seguro de cómo hace uno para superar algo así.

Sé que los demás piensan: «Vaya, se nota que todavía no lo ha superado».

Pero uno no supera una pérdida; la transita, pero la pérdida se queda con uno. Si pierdes a un familiar, ¿sigues adelante así como si nada y lo superas? No. Te cambia la vida. Es algo que añades a tu vida, y poco a poco la pérdida evoluciona y se convierte en algo más pequeño y manejable, algo en lo que quizás ni siquiera pienses demasiado. Pero la pérdida permanece. Alex era mi familia y perderlo fue algo significativo. ¿Seguiré «adelante»? ¿Conoceré a alguien nuevo que modifique la perspectiva que tengo sobre mi relación con él? Sin ninguna duda, el tiempo y las nuevas experiencias traerán consigo sanación y cambio. Sin embargo, los recuerdos de nuestro tiempo juntos siempre estarán conmigo.

No se puede negar que es difícil estar solo, pero la cultura, la familia y las amistades no suelen ofrecernos el espacio para sortear las dificultades emocionales que acompañan a la vida de soltero. En cambio, tenemos todas esas frases reduccionistas que transmiten cierto juicio implícito; comentarios como «deberías disfrutar de tu soltería» o «tal vez necesitas quererte más a ti mismo». Son meros recordatorios de las expectativas que la sociedad tiene con respecto a la independencia y al duelo, en vez de ser muestras de empatía.

Hay personas que realmente «siguen adelante» y dejan de pensar en su ex. Otras no. Ninguna respuesta es de por sí más «sana» que la otra. Quizás pienses: «Bueno, yo elegiría no tener que pensar nunca más en mi ex». Pero no podemos elegir nuestros sentimientos. Debemos aceptar en qué situación nos encontramos, tolerarla y resistir el impulso de juzgarnos y compararnos con un ideal imaginario. Creer que tu vida mejorará de inmediato si dejas de pensar en tu ex es una presuposición fallida. La vida seguirá siendo compleja y desafiante sin importar quién ocupe tus pensamientos.

Atravesar (y no evadir) el dolor y el desamor es a menudo una de las maneras en la que más aprendemos sobre nosotros mismos y lo que significa estar vivo. Si bien terminar mi relación fue difícil, descubrir quién era yo como persona independiente, sin ninguna relación que diera forma a mi identidad, fue todavía más desafiante. Fue entonces cuando me convertí en mí mismo.

Convertirse en uno mismo

La relación con Alex fue un paso imprescindible para llegar a mí mismo. La gente habla a veces de «encontrarse», pero en realidad no es que nos encontremos a nosotros mismos, sino que nos convertimos en nosotros mismos. Y este proceso de autodescubrimiento continúa a lo largo de toda la vida, desenvolviéndose y evolucionando de forma constante.

A los veinte años, me pasé una década identificándome como un «nosotros». Como un plural.

Nosotros hemos pasado un fin de semana relajante.

Nosotros hemos ido al cine.

Nosotros nos quedaremos en esta casa un par de años más, la venderemos y compraremos algo más grande.

Ese «nosotros» me definía a mí. Antes de ese «nosotros», yo era yo, un ser triste, solo y traumatizado.

Cuando la relación terminó, yo tenía treinta y un años. No tenía vida social porque, durante mucho tiempo, me había aislado dentro de la relación. Había cortado relaciones dentro de mi familia y estaba perdido en mi vida profesional. Sentía que no tenía poder, que estaba desamparado y desesperado por hallar algo que me estabilizara de la misma manera que siempre lo había hecho mi relación. Pero no había nada.[55]

---

55. «Esther Perel with Chris Cuomo: The State of Affairs—Rethinking Infidelity», entrevista que tuvo lugar en el centro cultural 92nd Street Y, Nueva York, en 2017; video de YouTube: <https://www.youtube.com/watch?v=r0dVjeBNANA>.

Me sentía como un bote a la deriva en medio del océano. «Sin ancla», dijo Derek una vez, y tenía razón. Yo sentía que no había nada que me aferrara a la tierra, que si nadie me escribía para preguntar cómo estaba, para decir «¿cuándo llegas a casa para cenar?», podría flotar hasta desaparecer en el horizonte.

Hacía una década que no vivía solo como soltero, y vivir solo es una versión completamente diferente de la vida. Hubo períodos en los que pasé meses sin que nadie me tocara.

Después hubo momentos en los que alguien me tocaba y era horrible. Han pasado cinco años desde que escuché a alguien decir «te amo». Y yo tampoco he expresado mi amor a nadie. No estoy seguro de qué es peor.

A las personas solteras no se les permite reconocer la gran ausencia del amor. Ni siquiera se les permite admitirlo ante sí mismas.

Pero no todo era tristeza y desolación. De pronto no tenía que rendir cuentas a nadie más que a mí mismo. Podía ser quien quisiera ser. No tenía que sentirme culpable, o como si estuviera traicionando a alguien, solo por expresarme. Si quería cenar a las cinco y acostarme a las ocho y media, podía hacerlo, y lo hacía. Si quería masturbarme durante una hora, podía. Eso no quiere decir que no hiciera esas cosas cuando estaba con Alex. Pero cuando estás en una relación, siempre hay un baile delicado de compromisos, y a veces nos abstenemos de hacer algo para mantener la conexión con nuestra pareja.

Después de Alex, yo crecí en todos los sentidos posibles. Crecí muchísimo en lo profesional y creé toda una vida de la nada, y eso ha sido súper empoderador, porque hay otra cosa que nadie nunca reconoce: deberíamos rendir homenaje a quienes reconstruyen su vida tras un tipo de pérdida como esa.

Sin duda, sería bonito si reconociéramos más todo esto, porque los esfuerzos que uno debe hacer tras una ruptura son titánicos. La recompensa, desde luego, es la paz interior.

Mereces reconocimiento

Si has pasado por una ruptura, te mereces una medalla.

Espero que te enorgullezcas de todo lo que te has esforzado para recuperarte y reconstruir tu vida. Doy por sentado que nadie te lo ha dicho, pero deberías sentir orgullo, joder. Sé lo difícil que es; es un logro enorme. Tómate un momento para celebrarlo de verdad.

Y si tienes un amigo o amiga que está pasando por una ruptura, asegúrate de decirle a menudo (muy a menudo) lo impresionado que estás, el orgullo que sientes al ver lo mucho que se está esforzando.

No digo esto solo para inflarte el ego, sino porque es cierto. Terminar una relación, atravesar esa pérdida y construir una vida nueva para ti es un trabajo difícil. Reconócelo.

Fue todo un desafío reconstruir mi vida social. Durante mi relación, había pasado tanto tiempo refugiándome en las partes más maravillosas o sintiéndome consumido por las más difíciles que mi prioridad había sido cuidar de la relación. Y se me daba bien. Sin embargo, en consecuencia, abandoné otros aspectos de mi vida, sobre todo de mi vida social fuera de la relación. Ahora sé lo importante que es tener una vida fuera de la relación que tienes con tu pareja, pero en ese momento, la verdad es que no quería tenerla. Realmente solo me interesaba pasar tiempo con Alex. Incluso si no quieres socializar con otras personas, debes hacerlo. Porque cuando tu relación presente desafíos (y lo hará), no tendrás nada ni a nadie a quien recurrir en busca de apoyo o diversión.

Cuando las cosas llegaron a su fin con Alex, sabía que mi primer paso sería hacer nuevos amigos. Y si bien en el momento no lo habría admitido, tenía miedo. Hacer amigos nuevos de adulto es tremendamente difícil. Déjame repetirlo: es súper difícil.

He mantenido los pocos amigos que hice durante mi época de estudiante universitario en Nueva York, pero nunca formé parte de una comunidad más amplia. Así que cuando me quedé soltero, me quedé socialmente aislado.

En la ciudad de Nueva York, todo el mundo está ocupado con O mayúscula. Sus horarios sociales, profesionales y de transporte apenas dejan lugar para el autocuidado, y mucho menos para socializar con un amigo nuevo. Y si eres como yo, un introvertido que se acuesta temprano, odia los bares y las discotecas, y bebe muy poco, es todavía más difícil. Todas las personas que conocía querían ir a cenar a las ocho o salir a tomar algo a las nueve. Pero resulta que soy un abuelo que se acuesta a las nueve y media, así que ninguna opción era viable. Al principio, me obligaba a acomodarme a sus horarios y terminaba en un estado constante de agotamiento. Pero con el paso del tiempo, simplemente empecé a rechazar invitaciones.

Más allá de la logística, aprendí una lección importante sobre mí mismo y sobre mis amigos. Durante una gran parte de mi vida me decía algo así: «Me gusta relajarme solo en casa. Me siento cómodo y no necesito ver a nadie. Las personas son molestas y no me entienden. Estoy muy bien. Estoy completamente satisfecho con quedarme tranquilo en casa». Pero la realidad es que no estaba bien. Eso no era más que otra extensión de la personalidad que había desarrollado ante la decepción familiar crónica y el sentimiento de pérdida. Lo cierto era que me había resultado muy difícil establecer confianza y seguridad en todas las relaciones. Esta es una lucha que he tenido desde la infancia, cuando la seguridad resultó ser un recurso poco fiable en mi familia.

Tal como escribe el psiquiatra estadounidense Peter Kramer: «Lo que parece ser un problema de socialización es, en realidad, un problema de estado de ánimo». Esto era lo que me pasaba a mí en ese momento, pero entonces jamás había sido capaz de reconocerlo. ¿Por qué? Porque a nivel consciente, yo quería, incluso deseaba casi con desesperación, tener tiempo para estar a solas. Pero empecé a notar que al quinto día de estar solo, la soledad ya no era algo placentero. Se convertía en una forma de entumecerme, y no aliviaba mi tensión ni mi tristeza, sino que las mantenía. ¡Quizás incluso las aumentaba!

Por fortuna, tuve la oportunidad de desafiar la creencia (rígida) que persistía en mí desde la infancia y que decía que necesitaba distanciarme de los demás para estar tranquilo y en paz. Pero resulta que me equivocaba por completo. No había disfrutado de mi tiempo a solas, sino que había servido para esconderme. Fue entonces cuando salí de mi zona de confort y empecé a participar en actividades que nunca creí que tendría el deseo, el valor o la habilidad para hacer.

Hice muchos amigos nuevos y, ¿sabes qué? Les tenía aprecio. Empecé a preferir pasar el tiempo con ellos que solo. Que no se malinterprete: todavía me encanta pasar tiempo a solas y lo necesito. Pero ahora ser social es gratificante y lo disfruto. Es una cuestión de equilibrio.

Todos tenemos narrativas sobre qué es lo que nos gusta y lo que no. A menudo, estas narrativas toman forma en respuesta a nuestros traumas y miedos, o a las estrategias adaptativas que hemos desarrollado a lo largo del tiempo para protegernos del dolor. Se trate de actividades específicas, o del deseo de estar junto a otras personas frente al deseo de estar a solas, te animo encarecidamente a que desafíes esas narrativas al menos unas cuantas veces. Sal de tu zona de confort. Haz un cambio radical de vez en cuando.

Te garantizo que es mejor descubrir que te equivocabas sobre ti mismo que arrepentirte años más tarde.

Mientras yo aprendía la importancia de empujarme a salir de la zona de confort y a asumir más riesgos en mi vida social y romántica, mis clientes hacían lo mismo. Esto le ocurría en concreto a John, un cliente al que llevaba muchos años visitando.

John: los sentimientos no siempre son válidos

John empezó terapia conmigo hace siete años. Es un hombre africano y cisgénero de treinta y ocho años, que se identifica como gay.

En ese momento acababa de emprender un nuevo negocio hacía poco tiempo. El estrés y una fuerte depresión hacían que se sintiera fatal. Y con razón. Su vida, en términos generales, era triste. Cuando le pregunté por qué quería hacer terapia, me respondió: «Por nada en particular. Solo sé que tengo que hacer terapia». Eso es algo que he oído de muchos clientes. Sabía que habría mucho que desentrañar una vez que se abriera.

Al principio, John parecía retraído y no expresaba sus emociones en las sesiones. Yo quería hacerlo sonreír, así que a menudo tiraba de humor y sarcasmo. A veces funcionaba. John había vivido varios traumas a lo largo de su vida. Había nacido en Nigeria y fue separado de su madre, su cultura y el entorno que conocía cuando, a la edad de seis años, emigró (sin aviso) a Carolina del Norte.

Adaptarse a la vida en Estados Unidos había sido una lucha cuesta arriba para John, quien se enfrentaba a una compleja combinación de desafíos que nacían de disparidades raciales, culturales y religiosas, así como a sentimientos de aislamiento y soledad. Y con razón. No me imagino cómo será emigrar a un país extranjero de adulto, y mucho menos siendo niño. En Carolina del Norte, John tuvo que afrontar una brecha cultural casi tan ancha como la distancia geográfica que había atravesado.

Carolina del Norte presentaba toda una serie de nuevas normas, expectativas y prácticas sociales que contrastaban fuertemente con las que había conocido en Nigeria, su lugar de nacimiento. Estos contrastes no solo eran superficiales, sino que abarcaban hasta el último aspecto de su vida y le presentaban un conjunto de desafíos que ponían a prueba su capacidad de adaptación y resiliencia.

En Nigeria, John había vivido en una comunidad predominantemente negra en la que encajaba entre sus pares y sentía un intenso sentido de pertenencia. Es por eso que su traslado a un barrio de mayoría blanca de Estados Unidos marcó un cambio significativo en su experiencia racial. De pronto se encontró siendo una minoría, llamando la atención de una manera en la que jamás lo había hecho en su país.

Pasar por las dinámicas raciales de Estados Unidos, con su larga y dolorosa historia de esclavitud y discriminación racial, fue una realidad totalmente nueva para John. Tuvo que enfrentarse a prejuicios y estereotipos raciales con los que jamás se había encontrado en África. De pronto, el color de su piel, que no había sido para nada relevante en su país de origen, se había convertido en foco de atención, sesgos y malentendidos. La marcada diferencia de la experiencia racial en Nigeria y Estados Unidos tuvo un impacto muy profundo en su sentido de identidad y pertenencia.

A los seis años, John lo hizo lo mejor que pudo para capear esas nuevas dinámicas, pero sin ayuda de sus padres le costó mucho. Su familia estaba ausente en todos los sentidos, lo cual quedaba patente en que le daban de comer alimentos a los que John era alérgico o en que no mostraban ningún interés en saber por qué John estaba pasando por momentos difíciles.

A medida que fue creciendo, John se dio cuenta de que era gay, algo que su padre no aceptó. Esto condujo a más rechazo, críticas y conflictos. Una vez que John dejó a su familia, se encerró en sí mismo durante más de una década para protegerse y terminó aislado.

La culpa y la vergüenza que John sentía eran abrumadoras. Durante las sesiones, él y yo dedicamos mucho tiempo y esfuerzo a dar una nueva forma a su narrativa para que se convirtiera en algo más suave que incluyera la compasión y la aceptación que le había faltado en la infancia.

Si bien John hizo avances a la hora de aplacar su vergüenza y de mejorar su autoestima y su autocuidado, todavía estaba atascado en el aspecto social y romántico. Con solo dos amigos, nada de experiencia en citas y una evasión absoluta del sexo, lo que comunicaba a nivel inconsciente era que estaba cerrado a cualquier clase de asunto… excepto si estaba relacionado con su negocio. John se convirtió en un adicto al trabajo y empezó a trabajar de más hasta el punto de agobiarse.

Durante el proceso de terapia (al menos conmigo), la repetición de la convicción y del refuerzo positivo a menudo desempeñan un papel crucial en la sanación de mis clientes. Pero para que las personas crean de verdad que merecen ser queridas, primero deben sentirlo; una afirmación verbal quizás no sea suficiente.

No se nos enciende la bombilla solo porque alguien nos diga que merecemos amor y felicidad. Debemos creerlo, y para hacerlo, debemos experimentar ese amor y esa felicidad. John, por ejemplo, rehuía las relaciones, lo que era una expresión inconsciente de los miedos originados en su infancia, lo cual a su vez se traducía en una preferencia por la soledad... muy parecida a la mía. Estaba un poco atascado en terapia. Como no tenía ninguna conexión relacional, le costaba aceptar e interiorizar lo que había aprendido sobre el autocuidado, el amor propio y la compasión.

Necesitaba conexiones y alegrías compartidas para entender que no solo él era agradable, sino que a él también le agradarían otras personas y se sentiría seguro con ellas. Y esa es la cuestión: John era extremadamente agradable. Era amable, gracioso, talentoso e inteligente, tenía estilo y, a pesar de su reflejo automático por esconderse, era muy afable y disfrutaba relacionándose con otras personas. Muchos de mis clientes son personas maravillosas que, debido a sus traumas, no ven lo maravillosas que son en realidad. Creo que, hasta cierto punto, eso es algo que nos pasa a todos.

Lento pero seguro, logré convencer a John de que quizás el trabajo no era más importante que las relaciones. Entonces empecé a presionarlo para que hiciera actividades sociales, que formara parte de una comunidad, ya fuera poniéndose en contacto con amigos y conocidos, o apuntándose a clases de arte en la ciudad. Costó varios meses, pero un día recibí un mensaje de John. Era una foto de un cuenco de arcilla. Supe de inmediato qué significaba: ¡John había ido a una clase de cerámica! Y, desde luego, al igual que todo lo que hacía, sus piezas eran exquisitas. Creo que yo estaba más feliz que él. Cuando hablamos sobre su nuevo pasatiempo en terapia, me dijo que le había gustado el curso, que había sido divertido, y que iría a otra clase esa semana.

Para John, la clase de cerámica no era solo una clase de cerámica. Se trataba de poner a prueba los límites de los mecanismos de defensa que lo habían mantenido alejado de la sociedad. Poco tiempo después, empezó a hablar con amigos y, si bien no era algo que le encantara hacer, admitió que había sido «agradable» y que se había «divertido» un poco.

«¡Agradable y divertido! Con eso me basta», bromeé con una sonrisa enorme en la cara. Él también sonrió.

A lo que voy con esto es que lo que hacía que la vida de John estuviera atascada no era su trauma en sí, sino las defensas que había creado en respuesta a ese trauma y que estaban constantemente presentes en su mente y cuerpo. La única forma de sanar esas experiencias pasadas era tener experiencias completamente nuevas y diferentes en el aquí y ahora.

John se desafió a sí mismo. Yo me desafié a mí mismo. Y quiero que tú también te desafíes.

Cuando has vivido un trauma, la mente y el cuerpo pueden jugarte malas pasadas. Puede que tu cuerpo reaccione con miedo y ansiedad, que se esfuerce por prevenir que hagas aquello que quizás sea lo más beneficioso para ti. Es fundamental que cuestiones y pongas a prueba estas reacciones automáticas, por más intimidante que eso sea. Sí, hacer frente a los miedos puede ser aterrador en sí mismo, pero aún más aterrador es tener una etapa adulta que replique la soledad de tu infancia. Este es un ejemplo de otra de las maneras en las que podemos vivir una especie de segunda infancia en la edad adulta. Como hemos explicado en el capítulo seis, estos paralelismos con la infancia suelen emerger dentro de las dinámicas de nuestras relaciones o en ausencia de ellas.

El mayor obstáculo para reconocer nuestras heridas y lo que las reactiva es la falta de autoconciencia. Sin embargo, siempre hay elementos inconscientes que nos impiden desarrollar la autoconciencia necesaria para generar los cambios que queremos. La clave para hacer consciente lo inconsciente está en observar nuestros comportamientos, entender sus resultados e identificar patrones recurrentes.

Tanto en el caso de John como en el mío, hallábamos consuelo en estar a solas, y pasar tiempo con otra gente a menudo nos parecía más molesto que beneficioso. En consecuencia, no obteníamos la paz que buscábamos, sino una sensación de soledad. En la mayoría de los casos, retraerse es un mecanismo de defensa. Es la forma en la que nos protegemos a nosotros mismos. Ya sea que nos retraigamos en situaciones sociales, o incluso en medio de una conversación, puedes apostar que ello refleja cierto nivel de autoprotección. Sin embargo, esta táctica que quizás sea efectiva en la infancia, no hace más que provocar sentimientos terminales de soledad y desesperación en la edad adulta.

Nuestras emociones son complejas

Hay veces que nuestros sentimientos tienen más que ver con el pasado que el presente.

Te aliento a investigarlos (aunque no demasiado) y a poner a prueba sus limitaciones. Cuando hablo de «investigar» no me refiero a dudar o cuestionar la validez de una experiencia emocional. Muchos de nosotros pensamos a menudo cosas del tipo «¿debería estar sintiendo esto?», o expresamos algún tipo de confusión: «No debería sentirme así, no lo entiendo». La pregunta que tendríamos que estar haciéndonos no es si deberíamos sentirnos de cierta manera o no, sino por qué nos sentimos así. ¿Qué narrativa se encuentra detrás de ese sentimiento? Nunca dudes de tus emociones. En lugar de eso, busca su origen. Tus emociones son muy valiosas.

Esto se nota sobre todo cuando se tienen citas románticas. He trabajado con muchos clientes que anhelaban tener una relación y, sin embargo, tenían una fuerte aversión al proceso de tener citas. La mera idea de descargar una aplicación de citas podía provocar todo un abanico de respuestas emocionales. Albergaban ideas sobre la inutilidad de las citas, sobre lo decepcionante que eran las personas (y pueden serlo), sobre los fallos de las aplicaciones (que los tienen) y un sinfín de otras razones para evitar tener una cita con alguien. Pero en el fondo, por más que haya algo de cierto en todo eso, la evasión tiene que ver más con el miedo: el miedo al rechazo, el miedo a la decepción, el miedo a lo desconocido. Pero esos son justamente los momentos en los que debemos presionarnos a nosotros mismos, cuestionar nuestra aprehensión y no aceptar ciegamente todo lo que la mente nos dice.

El mundo de las citas

Cuando mi relación terminó, creí que sabía cómo sería mi vida de soltero y que tenía el futuro planificado.

Me quedaría soltero.

Tendría sexo con todo el mundo.

Con el paso del tiempo empezaría a tener citas más en serio. Entonces me enamoraría, establecería una nueva relación, me mudaría enseguida con él y tendríamos un hijo. «Al fin y al cabo, no soy un monstruo —pensé—. Soy agradable, guapo, y se me dan bastante bien las relaciones. [¡Vaya! Vivo de eso.] No puede ser tan difícil.» (Ja, río y lloro por dentro mientras escribo esto porque nunca nada ha estado tan lejos de la realidad.)

No estaba preparado para todo el circo que es el mundo de las citas y la vida de soltero. Había escuchado anécdotas de clientes y amigos, pero desde que era un adolescente que no sentía en carne propia cómo era estar soltero. Y no estoy seguro de que esa experiencia cuente.

Una noche estaba hablando con alguien en la aplicación de citas Hinge y le hice las preguntas que hago siempre, de las que la más importante es: «¿Qué estás buscando?».

No esperes: ten todas las conversaciones posibles

Esto va para las personas solteras y las parejas. Haced preguntas desde el principio. Cread una cultura de comunicación abierta y directa desde el primer momento. Esto hará que sea más fácil tener ese tipo de conversaciones años más tarde... si es que llegáis a eso.

Siempre debes preguntar «¿qué estás buscando?» al principio. Y luego hablar con tu pareja sobre cómo le está resultando la relación. Por algún motivo, la gente ha desarrollado una ansiedad y un temor muy intensos a tener que ser quien inicie «la Charla». Definir o redefinir la relación es, en realidad, un factor muy importante en la salud relacional. No eres molesto por querer asegurarte de que tus metas y las de tu pareja estén alineadas. No te preocupes: buscar claridad y querer que las metas coincidan no te convierte en una persona excesivamente exigente. Por el contrario, es una destreza fundamental que refleja coraje, intelecto y madurez emocional. Si tu pareja tiene dificultades para recibir o responder a tu comunicación, es importante recordar que sus dificultades no son un reflejo de ti. Su resistencia no es una señal de alto ni un indicador de que eres una mala persona o de que te equivocas. Es solo una expresión de diferencia. Sigue hablando.

Él me respondió: «Estoy cien por cien buscando una relación, pero no estoy desesperado; todavía estoy intentando descubrir qué es lo que quiero en una pareja».

Si bien no fue una respuesta terrible, el experto en relaciones que llevo dentro sintió rechazo inmediato por la evasión implícita en su necesidad de explicitar la falta de desesperación. Me sentí inseguro de inmediato: a diferencia de él, yo sí estaba desesperado. Al considerar mi respuesta a lo que él había dicho, mis sentimientos se apagaron: «Vaya, ¡qué interesante! —pensé—. ¿Acaso podemos saber qué es lo que queremos en una pareja antes de conocer a la persona?»

¡Claro que no!

No hace falta decir que hablamos un rato más, pero decidí quitarle el *match*. Desde que había vuelto a entrar en el mundo de las citas, no dejaba de encontrarme con respuestas evasivas e indirectas a preguntas sobre metas y deseos respecto a las relaciones. En un principio, elegí interactuar con esos hombres, pero más adelante descubría que las respuestas que seguían a mis otras preguntas eran igual de defensivas y poco vulnerables. Lo sé. Es difícil admitir ante un desconocido que estás buscando amor y que anhelas encontrarlo. Pero esa es mi verdad: estoy buscando amor y tengo un profundo anhelo de encontrarlo.

Tomé la decisión de dejar de prestar atención a los individuos que no eran directos con su intención de buscar una relación comprometida. Dejé de invertir mi tiempo en quienes no expresaban de forma explícita que deseaban un compañero. Yo tomé esa decisión por mi propio bienestar, pero no tiene por qué ser una elección universal, ni la manera «correcta» de conseguir citas; es solo lo que mejor me resultó a mí.

Admito que mi estrategia está basada en mis sesgos y presunciones. Por ejemplo, él sí dijo que estaba buscando una relación. Sin embargo, su declaración de estar feliz solo o de no estar desesperado por encontrar pareja me molestó. Es posible que, con el paso del tiempo, él hubiera bajado la guardia, y quizás me he perdido una posible conexión amorosa. Sea como sea, este es el camino que elegí.

La clave está en encontrar lo que mejor te resulte a ti. Lo ideal es que podáis ser lo más abiertos y transparentes posibles antes de conoceros en persona. Sin embargo, es importante recordar que está bien tener ciertos pensamientos y reacciones al enfrentarte a una falta de disponibilidad emocional.

Sin ninguna duda, tener citas y salir con gente tiene sus beneficios. Yo he descubierto muchas cosas valiosas. Aprendí cómo seleccionar el color de pintura perfecto para mi sala de estar (Chelsea Grey) y cómo obtener descuentos en tiendas de diseñadores.

Durante una cita reciente, me quedé tan fascinado con los zapatos del otro que me compré un par para mí y me encantan. También he forjado algunas amistades maravillosas a través de las citas; al menos tres de mis amigos más cercanos comenzaron siendo citas. Si no me hubiera expuesto a esta nueva experiencia, jamás habría sabido todas esas cosas estupendas ni habría entablado esas fantásticas amistades.

Te animo a considerar tu propia estrategia para tener citas, que puede ser diferente de la mía. En lugar de acudir a la cita con la expectativa de que la otra persona sea «la indicada» —expectativa que, como vimos en el capítulo dos, a menudo conduce a la decepción—, intenta adoptar una perspectiva más abierta.

Fijemos una regla nueva: debemos ver a las citas como oportunidades de tener nuevas experiencias, ya sean relacionales, interpersonales o intrapersonales (en referencia a la relación que tenemos con nosotros mismos). Claro que siempre que tengamos una primera cita albergaremos la esperanza de formar una conexión significativa, pero también debemos estar dispuestos a aprender de cada posible pareja que conozcamos, sin importar si resulta en una relación o no.

Hagas lo que hagas, no juegues con los demás. Apégate. Siente cosas por ellos. ¡Haz de todo! Está bien ser un poco pegajoso. De hecho…

No dejes de ser pegajoso

En todo caso, me gustaría que pudiéramos iniciar un movimiento cultural para alentar a las personas a ser más apegadas. No suelen serlo lo suficiente. Se hacen mucho las desinteresadas. Actúan de manera indiferente y adoptan otras posturas de distanciamiento y en contra de las relaciones. Muchos de mis clientes solteros intentan salir con personas así o son ellos mismos así. Sí, las relaciones son aterradoras en sí; están plagadas de riesgos. Y hay demasiada desinformación dando vueltas. Es alarmante la cantidad de publicaciones de *BuzzFeed*, *The Cut* y *Cosmo* que existen con instrucciones sobre cómo no desarrollar sentimientos, cómo hacerse el desinteresado y otros temas afines.

Pero yo creo que el deseo por conseguir un vínculo profundo es una fortaleza. Así que, sí tú crees lo mismo, te felicito por tu capacidad de amar y sentir apego. Es una destreza valiosa. No la abandones por la presión o el desaliento social.

En la actualidad, estar solo se vende como si fuera un premio de oro. Nos dicen que necesitamos amarnos primero a nosotros y que debemos hacerlo mejor de lo que lo hacemos. Nos dicen que dejemos una relación «mala» porque el listón de lo que es una «buena» relación está cada vez más alto. Nos dicen que debemos disfrutar de la soltería. Creo que todo esto son mentiras. Estar solo es difícil, y esa forma de pensar no hace más que minimizar nuestros sentimientos y nuestro deseo por conectar. Esto no quiere decir que no puedas disfrutar de tu soltería; puedes hacerlo. Pero no deberíamos abordar nuestra vida creyendo que así debería ser.

Hay personas que se sienten totalmente satisfechas, sin importar que estén solteras o en una relación. Pero hay muchas personas que realmente quieren una relación, y a menudo se las critica y humilla por eso. Nos dicen toda una serie de declaraciones desdeñosas como «si no puedes ser feliz estando soltero, no serás feliz en una relación» o «¿quieres estar en una relación o es que te sientes solo?»... como si uno no pudiera sentirse solo y buscar compañía a la vez.

Existe una noción de que debemos ser nuestro «mejor yo» y alcanzar un estado interno de perfección antes de salir con alguien o iniciar una relación. A quienes están solteros hace poco se les recomienda no «precipitarse» a una nueva relación. Sus familiares y amigos les dicen «¡quédate soltero! Espera a conocer a la persona indicada... hasta que sanes... hasta que estés listo... bla, bla, bla». ¡Es como si iniciar una relación fuera lo mismo que vender nuestra casa!

Creo que todo el mundo está «preparado para estar en una relación» y que debería sentar la cabeza (pero no a expensas de algo inferior a lo que quieren, ni con una pareja mala). ¡Hazlo por la experiencia, por conocerte más y crecer! Hazlo para divertirte. Nuestra cultura tiene el mal hábito de pegarnos etiquetas cuando buscamos amor: «ansioso», «evasora», «pegajoso», «codependiente», «desesperada», «poco preparado», «tocada», «monógamo en serie». ¿Adivina qué? Incluso si eres todas esas cosas, también estás «listo para estar en una relación».

¡Así que inicia una relación! Recuerda que siempre puedes cortar si no funciona. Y en el proceso crecerás más de lo que lo habrías hecho si simplemente te hubieras quedado soltero, en la búsqueda eterna por la persona perfecta que, ¡oh, sorpresa!, no existe. Pasa de los clichés que se recomiendan a todos los que sufren de mal de amores y, en lugar de eso, concéntrate en ti y tu pareja. Aprended de la vida de la otra persona. Ganad conciencia. Preparaos para los desafíos. Trabajad para superar conflictos. Negociad vuestras diferencias. Tened sexo.

Tened una relación.

10. Todo el mundo tiene un punto enfermizo

> La curiosa paradoja es que, cuando me acepto tal como soy, entonces puedo cambiar. [56]
>
> Carl Rogers

Ser psicoterapeuta

A menudo me divierte ver la sorpresa en la cara de mis clientes cuando descubren que yo tengo mis propios problemas. Pero los terapeutas, al igual que todo el mundo, tienen sus propios desafíos e imperfecciones. Como explica la escritora y maestra de meditación Sharon Salzberg con mucha sabiduría: «Mi sufrimiento bien pueden ser mis credenciales». Yo creo que, en mi caso, es así.

Sin embargo, a menudo se cosifica a los psicoterapeutas, en primer lugar por parte de las instituciones en las que se forman y por sus homólogos, luego por sí mismos y sus amistades, y por último, por sus clientes. Esta cosificación puede fomentar la ilusión de que los terapeutas son infalibles, casi superhumanos, lo que crea expectativas y presiones poco realistas. Con frecuencia también se pasa por alto el hecho de que los terapeutas pasan por sus propios altibajos. Irónicamente, incluso los psicoterapeutas necesitan psicoterapeutas.

---

56. Rogers, Carl (2012), *On Becoming a Person: A Therapist's View of Psychotherapy*, HarperCollins, Nueva York, p.17.

Durante el tiempo que pasé en la escuela de posgrado, se nos recomendaba no sincerarnos ante los clientes, una directriz que yo desafiaba por instinto. En un principio seguí las reglas. Entonces, rápidamente dije: «A la mierda». ¿Para qué molestarme? Yo no era así. Soy una persona muy abierta, y una gran parte de mi crecimiento como psicoterapeuta (y ser humano) nace de mi viaje personal, no de los manuales de psicología anormal que tuve que memorizar en la universidad.

En referencia a la relación entre terapeuta y cliente, Carl Rogers dice: «Solo al ofrecer la realidad verdadera, que está en mí, puede la otra persona buscar y encontrar la realidad en sí misma». Eso es lo que hago; al ofrecer mi yo auténtico en las sesiones, mis clientes pueden explorar sus propias realidades de forma más segura y efectiva. No me quedo sentado en silencio. No me paso la sesión entera procesando y analizando dónde elige sentarse el cliente en el consultorio ni desde qué habitación de su casa está teniendo la sesión por Zoom. A menudo ofrezco orientación y consejos a mis clientes. A veces adopto un papel más activo en las sesiones y aliento a los clientes a completar tareas que han estado evitando. Por ejemplo, una vez ayudé a un cliente a programar una cita con un médico que debería haber programado hacía tiempo y, en otros casos, he ayudado a algunos clientes a enviar mensajes en aplicaciones de citas. Este abordaje más práctico permite a los clientes enfrentarse a sus miedos en un entorno seguro en el que se sienten apoyados, no solo procesando esos miedos, sino superándolos.[57]

No tengo límites rígidos cuando se trata de revelar información sobre mí. Desde luego, no me pasaría una sesión entera hablando sobre mi padre, pero sí añado algún que otro comentario personal de vez en cuando.

También bromeo e intento hacer reír a mis clientes.

Ofrezco seguir el contacto fuera de las sesiones. Todos usamos mensajes de texto y correos electrónicos a diario para aumentar la

---

57. Salzberg, Sharon (2017), *Real Love*, Flatiron Books, Nueva York, p.32.

comunicación en nuestras relaciones. Yo lo hago con Derek y, en momentos de crisis, ha sido más que útil.

Soy un ser humano. Lo que ves de mí en las sesiones es muy similar a como soy fuera de ellas... quizás me falta la torpeza social que se asoma cuando estoy en una multitud.

Mis clientes siempre dicen: «Esa es tu respuesta como terapeuta. ¿Qué crees tú?». Eso siempre me hace reír. No hay ninguna diferencia.

Mis clientes me ayudan tanto como yo los ayudo a ellos. Derek una vez me dijo que ser psicoterapeuta es como tener treinta horas de terapia personal todas las semanas. Lo que quería decir era que, como terapeutas, podemos aprender sobre nosotros mismos durante las sesiones que tenemos con nuestros clientes... eso es, si estamos abiertos a aprender cosas sobre nosotros. ¡Y vaya si he aprendido!

Dirijo la terapia como si fuera una relación, con la esperanza de que mis clientes (y yo también) usen la plantilla que ofrezco y la apliquen de forma generalizada a otros contextos relacionales. A lo largo de veinticinco años, mi propia experiencia personal con la terapia ha generado cambios significativos en mí. Sin embargo, lo que facilitó esta transformación no fue solo darme cuenta de algunas cosas, ni la teoría de los apegos, sino también la relación de profundo cariño que he compartido con mi psicoterapeuta, Derek. Su impacto no solo ha cambiado (salvado) mi vida, sino que también continúa influyendo en cada sesión que tengo con mis propios clientes e incluso en el contenido de lo que estoy escribiendo aquí para ti.

Si bien la mayoría de la gente espera de la terapia algún tipo de catarsis o revelación profunda, hay estudios que indican que el factor más determinante para una terapia exitosa es la unión entre psicoterapeuta y cliente. Sí, darse cuenta de cosas y entenderlas es un aspecto esencial de la terapia, pero desde hace décadas se documenta que la relación entre ambas partes es lo más importante. Todos los estudios han demostrado que esta relación es un indicador de resultados positivos más potente que cualquier modalidad o intervención específicas: la clave no está en la orientación terapéutica; no está en la terapia conductual cognitiva, en la terapia dialéctico conductual, ni en la terapia de los sistemas de la familia interna, ni en cualquier otra perspectiva terapéutica; tampoco está en la reparentalización, el amor propio, ni el estilo de apego. La clave está en el amor relacional.[58]

Todos los traumas nacen, en definitiva, de las relaciones y, en consecuencia, el camino hacia la sanación también debe involucrar experiencias relacionales. Esta es la esencia de la experiencia emocional correctiva que mencioné en el capítulo seis, y representa el objetivo principal de la terapia en el marco de la relación entre psicoterapeuta y cliente. Recuerdo una sesión que tuve con Derek: yo llegaba (muy) tarde y empecé a entrar en pánico. Temía que Derek se enfadara tanto conmigo como mi padre se había enfadado por cada uno de mis errores o equivocaciones. Al llegar al consultorio, todavía me sentía angustiado. Derek se percató de mi malestar y me aseguró que mi tardanza no tenía ningún efecto en lo que él sentía hacia mí y que era algo normal (¡desde luego!). Aunque parezca simplista, Derek modelaba una nueva dinámica relacional que desafiaba de manera directa los miedos que se originaban en el trauma original con mi padre. Me di cuenta de que podía cometer errores, incluso llegar tarde, y aun así ser percibido de forma positiva. Esta situación me sirvió como una experiencia emocional correctiva.

Peter Levine escribe: «El propósito del acto de recordar en sí mismo consiste en ofrecer la oportunidad molecular de actualizar la memoria conforme a la nueva información. Esto es, en otras palabras, la esencia no solo de cómo el pasado persiste en el presente, sino de cómo el presente tiene el potencial de cambiar (lo que fue) el pasado». La terapia nos ayuda a actualizar nuestros recuerdos e interrumpir la repetición de patrones anteriores. Por

58. Rogers, *On Becoming a Person*, p.33.

eso, los resultados positivos en nuestra vida se reflejan en la calidad de nuestras relaciones. No es cuestión de analizar comportamientos tóxicos ni ningún otro término de moda que hayas aprendido en internet. Es el resultado de tener mejores relaciones. Es el resultado de tener repetidas experiencias relacionales correctivas con otras personas. Así es como cambiamos nuestra vida. Si te quieres a ti mismo, pero tus relaciones son un desastre... ¿de qué sirve? Y no, el amor propio no se traduce automáticamente en habilidades relacionales. Las relaciones son lo que definen si una vida vale la pena.

No me malinterpretes. Una de las relaciones más importantes es la que tenemos con nosotros mismos. Pero esa relación, al igual que las que tenemos con otros, no es ni permanente ni perfecta.

Todo el mundo tiene un punto enfermizo

Ser psicoterapeuta es una experiencia interesante. He pasado miles de horas escuchando a la gente hablar sobre su mundo interior. A veces conozco más de mis clientes que las personas con quienes están casados o que sus mejores amigos.

La terapia es un lugar único. Es un espacio en el que las personas pueden recibir apoyo y atención sin las obligaciones recíprocas inherentes a la mayoría de nuestras otras relaciones. Para algunos, es un santuario para la autorreflexión y la sanación. Sin embargo, para otros, es un lugar incómodo y confuso que causa una molestia profunda. Yo veo a las personas tal como son, no como fingen ser o temen revelar que son. Y cuando ese temor emerge en una sesión, hablamos al respecto.

Se trata de una perspectiva única a la que muy pocas personas acceden. Como psicoterapeuta, tengo la posibilidad de ver, una y otra vez, cómo los abordajes relacionales se desarrollan a lo largo del tiempo. Tengo el privilegio de ver el enorme papel que desempeña la incertidumbre en aquello en lo que todos queremos certeza: escucho la historia sobre por qué alguien ha dejado de responder los mensajes de esa persona «tóxica». Escucho a gente que no puede dejar de regañarse o avergonzarse por errores comunes. Escucho a gente obsesionarse con la falta de disponibilidad de sus parejas y con las miles de publicaciones de Instagram que las alientan a «eliminar de su vida a ese tipo de personas». Escucho el motivo por el que la pareja de uno de mis clientes ha estado evitando tener sexo. Escucho de todo.

Y lo que puedo decirte es lo siguiente: todos, en algún momento, haremos cosas que desearíamos no haber hecho.

Todos, en algún momento, nos desquitaremos con alguien en lugar de mostrarnos compasivos.

Todos ignoraremos, evitaremos o nos obsesionaremos con desesperación hasta ya no soportarlo más, y cometeremos grandísimos errores en nuestras relaciones.

Todo el mundo, sin excepción, tiene un punto enfermizo. Nuestra mente y nuestro cuerpo no se han diseñado para cumplir con los estándares idealistas fijados por médicos y psicoterapeutas. Somos imperfectos. Y eso significa que nunca cumpliremos todos los requerimientos que aparecen en esas listas de verificación que ves en internet.

¿Por qué importa esto? Porque el comportamiento de cualquier persona, incluso cuando no parece sano, puede tener mucho sentido si entendemos la historia personal. Y este entendimiento abre el camino a la empatía y la compasión.

Ayer estaba mirando una cuenta de Instagram popular mientras intentaba llegar a mis pasos diarios en la cinta de andar y me di cuenta de que estaba sacando una captura de pantalla de varias publicaciones mientras pensaba: «Sí. Dios mío. Taaan cierto». Más tarde, eché un vistazo a las capturas de pantalla: eran todas frases empoderadoras que sonaban maravillosas. Eran declaraciones jugosas, comentarios ingeniosos. Pero ¿con eso basta? No del todo. Me di cuenta de que todo ese contenido «asombroso» era una forma de evitar las emociones. Suena bien, se ve bien, pero cuando no podemos simplemente detenernos, eliminar a alguien de nuestra vida o hacer lo que nos dicen que deberíamos hacer, las experiencias vividas se ven minimizadas. Así no es cómo funcionan los seres humanos.[59]

Agnes: «No puedo dejar de ser cruel conmigo misma»

Agnes, una mujer cisgénero y heterosexual de cuarenta años, se mudó hace poco desde Suecia y empezó terapia para trabajar en su debilitante soledad. Lo que descubrí rápidamente fue que, bajo esa soledad, había una profunda sensación de vergüenza. Agnes se crio con un padre terriblemente denigrante y crítico que le decía que estaba gorda y que, si no perdía peso, nadie la querría. La relación con su madre era buena; lamentablemente, su madre no podía proteger a Agnes de las duras críticas y del maltrato de su padre. Agnes tuvo una relación íntima con una pareja que sonaba igual de cruel que su padre. Más allá de eso, no había tenido ninguna experiencia de alguien que la reafirmara. Como resultado, desarrolló un mundo interior que reflejaba el trato que había recibido de su padre y su pareja romántica. La narrativa interna consistía en autocríticas y en una vergüenza incontrolable. Incluso se hacía responsable cuando se retrasaba un vuelo en el que debía viajar.

En una sesión dijo literalmente: «No puedo dejar de ser cruel conmigo misma».

Cuando escuché esto, fue como si, de repente, alguien hubiera pisado el freno. Había muchas direcciones en las que podía ir con ese comentario y mucho que desentrañar. Me detuve a pensar. Entonces hice algo muy típico de los psicoterapeutas y repetí en voz alta lo que ella acababa de decir: «"No puedo dejar de ser cruel conmigo misma." Vaya».

Entonces recordé algo que me había pasado antes esa misma semana, cuando no había podido dejar de pensar en Alex. Quería detenerme, pero mi cabeza volvía una y otra vez a él. Cuando pasa eso, sé que es en parte porque extraño a Alex, pero más que

59. Levine, *Trauma and Memory*, p.141.

nada es a causa de mis traumas anteriores y mi sensación generalizada de estar solo en el mundo. Entonces me di cuenta de que Agnes estaba hablando de una expresión similar a lo que yo también había experimentado.

No podemos simplemente dejar de hacer cosas. Y quizás no deberíamos. Agnes se crio en una familia que no dejaba de menospreciarla, hacerle luz de gas y decirle cosas de lo más crueles. Así que, desde muy niña, aprendió a dirigir sus emociones negativas contra sí misma. Al igual que yo había aprendido de muy joven a tener miedo de estar solo. Y mientras yo rumiaba sobre mi relación con Alex para controlar mi miedo a estar solo, Agnes se obsesionaba con lo horrible que era como persona en un intento por controlar su soledad. Pero si fuera sencillo detener comportamientos poco sanos, las personas lo harían de inmediato.

Esta clase de fijación a menudo lleva a realizar acciones compulsivas o rituales. Lo hacen en un intento por prevenir o anular los resultados adversos asociados a sus pensamientos obsesivos. Yo mismo lo he vivido, y sospecho que tú también podrías sentirte identificado.

Soy psicoterapeuta y estoy escribiendo un libro sobre relaciones... y aun así me cuesta. ¿Por qué? Porque cuando estás en el ajo, todo puede ocurrir y todas las respuestas al trauma están activas. Una cosa es juzgar las experiencias de otra persona desde una posición objetiva y despojada de emociones para crear una publicación de Instagram con una lista de diez señales de alarma. Pero cuando tú eres la persona desesperada por encontrar el amor, la cuestión es completamente distinta.

El momento en el que Agnes empezó a hacer avances no fue cuando redujo sus obsesiones —ni tampoco lo fue el mío, ni lo será el tuyo—, sino que fue cuando reconoció lo poderosas que podían ser sus experiencias y aprendió a controlar y tolerar su intensidad.

Si lo piensas bien, lo cierto es que es una maravilla. Nosotros somos una maravilla... ¡Tú eres una maravilla! Incluso cuando flaqueas.

La salud emocional, relacional, mental y sexual es como la salud física, pero nuestro abordaje del amor y las relaciones es muy diferente al de las enfermedades. No criticamos a alguien que está deprimido ni le gritamos a un diabético. Pero cuando se trata de nuestras relaciones, un pequeño error puede sentirse como un fracaso catastrófico. Podemos sentirnos abandonados y agobiados por la culpa, la vergüenza y el miedo... como si se supusiera que no pasamos por dificultades o como si siempre tuviésemos que hacer las cosas «bien» cada vez que actuamos o hablamos. Eso no es posible, es así de simple.

Lo mismo ocurre con la salud física. Lo mismo ocurre con el clima. Todos podemos ser un poco enfermizos. La vida es extremadamente difícil; la presión que la sociedad ejerce sobre individuos y parejas es mayor que nunca. El mundo es un caos. Los entornos en los que vivimos no nos ayudan a fomentar relaciones ni estilos de vida sanos. La sociedad individualista y capitalista en la que nos encontramos no hace más que priorizar las definiciones superficiales del éxito a costa de nuestra salud. Así que esperar que nuestra salud relacional sea constantemente buena es una fantasía, y una fantasía que no concuerda con nuestra sociedad enfermiza.

Ninguna relación puede estar a la altura de los estándares perfeccionistas exigidos al amor moderno. Todas las relaciones se enfrentarán a desafíos y podrán ser juzgadas como enfermizas por personas externas sin mucha consideración. Siempre deberemos afrontar, manejar o tolerar alguna clase de insatisfacción o decepción.

Lo que me fascina (y espero que a ti también) es la enorme presión que se ejerce sobre la gente para que tenga relaciones sanas y satisfactorias sin que nunca haya aprendido a cultivar relaciones sanas. ¡Lo mismo con el sexo! Sin una educación sexual real, a la mayoría de la gente no le queda más que entender el sexo a través de los estándares poco realistas de la pornografía. Detente un momento para asimilar eso. ¡Joder! Dejar que la pornografía eduque al público sobre el sexo es como esperar que un recién nacido empiece a caminar de inmediato o que llegue al mundo con un conocimiento innato de matemáticas. ¡Es una locura!

En las relaciones, todos somos bebés que están aprendiendo a caminar... salvo que en las relaciones amorosas debemos entender y comunicar de manera efectiva cómo es que nuestros traumas pasados emergen en el espacio que hay entre nosotros y los demás. Uno creería que debería ser algo sencillo, pero a causa de un pequeño detalle llamado «trauma», nuestros sentimientos suelen tomar el control y hacer que tropecemos y caigamos.

No podemos describir nuestras relaciones como sanas a menos que hagamos el esfuerzo de fomentar el autoconocimiento, el bienestar relacional y las destrezas necesarias para la intimidad. Pero una vez más, nadie nos enseña esto. No hay ningún «plan de estudios sobre relaciones» en los primeros años de educación. Ni siquiera hay algún tipo de orientación relacional en las universidades. Por eso la gente recurre a Instagram y a otras plataformas online en busca de ese apoyo. Es el único sitio en el que se tiene fácil acceso a ese tipo de consejos. (Otra de las fuentes de conocimiento es nuestra familia, quienes nos criaron. Y no sé tú, pero lo que yo observaba en mis padres era cualquier cosa menos algo a lo que aspirar.)

Todos tenemos limitaciones. Todos tenemos defectos profundos. Todas las relaciones son imperfectas.

Quizás haya momentos en los que sintamos odio por nuestra pareja, o lo que Terry Real llama «odio marital normal». Con solo escribirlo me dan ganas de reír. También me pone triste, porque si yo hubiera entendido mejor lo normal que es tener dificultades con la pareja, mi perspectiva sobre Alex habría sido diferente.

Tengo a la perra más tierna del mundo, y a veces —Dios mío, no puedo creer que vaya a decir esto— la odio. Por lo general, *Elly* es una perra faldera muy tranquila y cariñosa. Pero cuando alguien nuevo viene a casa (normalmente, un tío que me interesa), mi perra se desespera. Empieza a ladrar, a jadear, a saltar sobre el regazo del tío y me mira, evitando que lo toque. Qué manera de aguarme la fiesta. Me vuelve loco. Pero ¡la quiero hasta el infinito!

¿Cómo crees que sería la experiencia de ti mismo si esperaras grandiosos desafíos? ¿Cómo crees que sería la experiencia que tienes de tus relaciones si supieras que habrá días malos? ¿Que tu pareja te molestará? ¿Que todos te irritarán en algún momento? ¿Podrías tolerar los desafíos relacionales, como lo harías con el mal tiempo, si supieras que estos también pasarán? No te estoy alentando a tener un carácter explícitamente enfermizo. Pero asegúrate de distinguir entre molestia, frustración y decepción, por un lado, y maltrato o violencia, por el otro. Te animo a que aceptes que estará todo bien cuando tengas dificultades, y que las tendrás. En realidad, a veces es sano ser un poco enfermizo. De hecho, me animaría a decir que quienes no tienen dificultades están reprimiendo profundamente sus emociones, y esa es una gran barrera para acceder a las experiencias relacionales y sexuales de la vida.

Te sorprendería saber lo fácil que es cambiar cuando logras entender y aceptar el predicamento imperfecto de ser humano.

11. Abandona toda esperanza

El amor real admite el fracaso y el sufrimiento.[60]

Sharon Salzberg

El dolor emocional es un dolor relacional. Las personas a menudo relacionan la felicidad, la satisfacción y la realización en la vida con la ausencia de dolor o desafíos. Pero lo cierto es que cuanto más evitamos el dolor, menos satisfechos estamos.

El recorrido filosófico del drama de la vida ocurre en el contexto de nuestras relaciones. Ya hemos hablado de lo importante que es el dolor en nuestra vida; y esto también aplica a las relaciones. La importancia de los desafíos relacionales, algo que a primera vista puede parecer ridículo, amerita mayor reflexión. Ten presente que cuando digo «dolor», no hablo de relaciones de maltrato o profundamente insatisfactorias, sino que me refiero a la sensación de ansiedad, tristeza o decepción.

Las decepciones y los conflictos no son meros obstáculos, sino componentes necesarios de cualquier relación y de la vida misma. La duda, la incertidumbre y los desacuerdos sirven como catalizadores del cambio y, en consecuencia, del crecimiento. En nuestras relaciones más profundas, nos vemos ante la tarea de aceptar lo que parece insalvable y reunir el coraje para afrontar la ansiedad que nace de la disonancia entre nosotros y nuestra pareja. En medio de esta intrincada danza, no podemos hacer más que crecer. Una relación sana solo prospera cuando los individuos se

---

60. Salzberg, *Real Love*, p. 16.

sientan a la mesa de negociación siendo su yo auténtico y demuestran tener la valentía necesaria para recibir los cambios con los brazos abiertos en lugar de retraerse. Es en ese proceso de ruptura y reparación, presente en todas nuestras relaciones, cuando podemos sanar.

Sin embargo, es importante reconocer que si las decepciones y los conflictos no se tratan bien o se evitan, cosa que suele ocurrir, las consecuencias pueden ser desfavorables. La mala comunicación, las críticas innecesarias, la intensificación de los conflictos, el surgimiento de actitudes hostiles, las expresiones de desprecio y recurrir a insultos puede abrir una enorme brecha entre las partes de una pareja, lo que a la larga conducirá a sentimientos de resentimiento e insatisfacción.

A veces la realidad apesta, y eso está bien

Si todavía no te he decepcionado por completo, apriétate el cinturón, porque estoy a punto de soltarte una bomba que te dejará por los suelos: la felicidad no es la máxima meta en la vida; lo que más importa es el significado. En palabras de Aldo Carotenuto: «En lugar de ofrecer la liberación de la causa de un malestar severo, la labor psicológica lo incrementa, de manera que le enseña al paciente a convertirse en un adulto y, por primera vez en la vida, enfrentarse de forma activa a la sensación de estar a solas con su dolor, abandonado por el mundo».

Si bien quizás no sea una cita de lo más motivadora, enfatiza un punto crucial que todos debemos esforzarnos por reconocer. En esencia, cuanto más evitemos nuestro dolor idealizando estados de sanación, curas mágicas y la felicidad eterna, menos capaces nos volvemos de aceptarnos a nosotros mismos y a los demás. Este proceso perjudica nuestra capacidad de tolerar, soportar y, en definitiva, crecer. Se trata de reconocer la libertad inherente a aceptar la responsabilidad personal por el camino en el que estamos y aceptar las limitaciones propias de todos los seres vivos.[61]

Cuando nos negamos a reconocer que el sufrimiento es parte del ser humano e intentamos evitar el dolor, eso no hace más que dificultarnos sentir emociones placenteras. También nos hace sentir culpables y temerosos en los momentos en los que, inevitablemente, nos enfrentemos a desafíos, estrés, dolor o sufrimiento. Empezamos a entender errores comunes, o «las cosas pequeñas», como fracasos, cosas que ocurrieron por culpa de quienes somos o lo que hicimos, y eso puede conducir a una sensación de inadecuación, como si hubiéramos fracasado en la vida entera. Lo he visto en todos y cada uno de los clientes a quienes he tratado.

Todos mis clientes iniciaron terapia convencidos de que sus dificultades emocionales y relacionales particulares eran un reflejo de sus defectos e insuficiencias individuales. En las sesiones trabajamos para reconocer que algunos desafíos no solo son parte natural de la experiencia de ser humano, sino que, además, debemos contar con ellos si consideramos el contexto de vida específico que contribuye a los desafíos presentes.

Cuando el filósofo danés Søren Kierkegaard dice que «la vida no es un problema que resolver, sino una realidad a experimentar», nos recuerda que la vida no va de resolver hasta el último problema en una búsqueda infinita por la felicidad. En vez de eso, deberíamos recibir con los brazos abiertos las diversas experiencias que nos ofrece. Y yo estoy de acuerdo. Llevo casi toda mi vida haciendo terapia y ya estoy harto de tener que estar prestando atención para evitar minas emocionales. No quiero tener que seguir haciendo este karate emocional para garantizar que no pierdo el control.[62]

---

61. Carotenuto, Aldo (1989), *Eros and Pathos: Shades of Love and Suffering*, Inner City Books, Toronto, p.79.

62. Kierkegaard, Søren (2004), *The Sickness unto Death: A Christian Psychological Exposition for Edification and Awakening by Anti-Climacus*, trad. Alastair Hannay, Penguin Books, Londres.

Pero… tampoco quiero vivir en un mundo de fantasía. En nuestra búsqueda por la felicidad y la satisfacción, a menudo buscamos soluciones a nuestra incomodidad o insatisfacción de forma obsesiva y ansiosa. La mayoría de las personas encuentran la manera de «sortear» los desafíos. Son pocas las que de verdad quieren enfrentarse a sus problemas y superarlos. Todos queremos que nuestra vida y nuestras relaciones estén libres de ansiedad y tristeza. En contra de la mayoría de los consejos psicológicos y de autoayuda, la maestra budista Pema Chödrön dice: «Corre hacia el dolor». Y, joder, ¡me encanta! Por supuesto, ella no sugiere que las personas busquen a propósito situaciones que causen sufrimiento o daño, sino que ella se refiere a que, en vez de evitar o reprimir los sentimientos difíciles, deberíamos lidiar con ellos de manera activa. De modo similar a Kierkegaard, dice que necesitamos enfrentarnos y aceptar las cosas difíciles para aprender y crecer.

La idea de Chödrön de correr hacia el dolor es una respuesta a su consejo de abandonar la esperanza. Al leer esto me sentí muy identificado. De pronto me di cuenta de que la mayor parte de lo que me deprimía o me generaba ansiedad tenía que ver con un reflejo de querer aferrarme a la esperanza de algo que no era, que no sería ni jamás podría ser.[63]

- Esto no debería ser así. (Deberíamos seguir juntos.)
- Esto no debería ser así. (Él no debería estar en una relación con otra persona.)
- Él no debería ser así. (¿Cómo puede ser que no me entienda?)
- ¿Cuándo se terminará esto? (¿Cuándo dejaré de pensar en él?)
- ¿Cuándo se acabará? (¿Cuándo dejaré de sentir este dolor y esta pérdida?)

---

63. Chödrön, Pema (2000), *When Things Fall Apart*, Shambhala Publications, Boston, p.68.

- ¿Alguna vez cambiarán las cosas? (¿Alguna vez me volveré a enamorar?)
- Empezaré mañana. (Hoy tengo demasiado miedo y estoy demasiado abrumado.)
- El año que viene será mejor. (Intento mantener la esperanza y ya no tolero el dolor del presente.)

Organizamos nuestra vida en torno a la esperanza y al deseo de cambio. Tenemos la mirada tan fija y nos preocupamos tanto por la fantasía de un futuro mejor que olvidamos experimentar el presente.

Si esperas tener una vida controlable y libre de sufrimiento, encontrarás cosas que amenacen tu estabilidad en todos los rincones, todo el tiempo. Esta mentalidad puede generar ansiedad. La paz viene cuando entiendes que eres capaz de reorganizar, tolerar y superar el dolor cuando aparece. Se trata de tener fe en tu propia resiliencia y en tu capacidad de recuperación.

Este no es un problema individual. Es un problema cultural. Tu cultura te ha entrenado para que pienses de este modo. Nos lo ha hecho a todos. Y luego aplicamos esta línea de pensamiento a nuestras relaciones.

No existe cura para nuestra condición de ser humanos. Pero podemos sanar ciertas partes nuestras. Podemos reparentalizar. Podemos identificar nuestros estilos de apego. Podemos (y debemos) fijar límites. Podemos fomentar estilos de comunicación productivos y sanos. Sin embargo, el dolor persistirá y los desafíos de la vida estarán siempre presentes. La sanación, en este contexto, no tiene que ver con encontrar la felicidad eterna ni eliminar el dolor. La vida es un viaje repleto de altibajos, giros inesperados y desafíos improvistos. Habrá períodos de paz, pero, de pronto, puede ocurrir algo devastador que haga que sientas como si la propia tierra estuviera colapsando bajo tus pies. Ya sea el fin de una relación, la pérdida de un ser querido, un revés financiero o una lesión física, la imprevisibilidad de la vida es una constante.

Entonces, ¿por dónde empezamos?

¡Felicidades, cariño, ya has dado el primer paso! Y lo digo en serio. Si tienes la voluntad de aprender, de buscar conocimiento fuera de ti, esa curiosidad es lo más valioso que puedes aportar a tu conciencia. Cuando tenemos una mentalidad curiosa, nos preguntamos «¿qué puedo aprender sobre mí?» y esa es la clave del crecimiento personal. La sanación es una práctica. Yo la estoy realizando ahora mismo, mientras escribo esto para ti. Y lo seguiré haciendo el resto de mi vida. Porque no lo sé todo, ni tú tampoco. Se dice que una vez Sócrates afirmó: «Soy sabio, no por saber, sino por saber que no sé». De manera similar, Salvador Minuchin lo expresó muy bien al escribir que «la certeza es la enemiga del cambio». Y, para hacer todavía más hincapié en el tema, James Hollis declaró que «la duda es el impulso necesario para el cambio y, en consecuencia, el crecimiento». En esencia, es crucial que reflexionemos y nos desafiemos a nosotros mismos. Si no estamos dispuestos a aceptar que nuestras perspectivas son limitadas e incompletas, no podemos crecer ni expandir nuestra comprensión del mundo que nos rodea. Este es un aprendizaje radical para ti, para mí y para todo el mundo en este momento. El amor, el sexo y las relaciones son subjetivas y dependen del contexto, pero si hay algo de lo que carecen, es de certezas y universalidad.

Y déjame que te diga algo: este enfoque es realmente radical.

No solo estoy alentando la comunicación sana y las relaciones conscientes. Esto no va de respirar hondo. (Aunque, dicho sea, espero que sigas respirando.) No estamos simplemente intentando disminuir o tolerar los conflictos que no tengan solución. Este es el comienzo de un compromiso con nosotros mismos por vivir de otra manera. Es un cambio enorme, tan enorme como mudarte a otro país. A decir verdad, es aún mayor. Más bien como un trasplante de órganos.

Es un movimiento cultural. No se trata tan solo de un consejo que aplica a las relaciones. Es un cambio de paradigma absoluto. Esta complejidad es lo que más espero que te quede tras leer este libro. Cuando me duele la cabeza, reconozco el dolor de cabeza y quizás bebo agua o como algún carbohidrato. Y si el dolor de cabeza persiste, me tomo un analgésico. Quizás si alguien me pregunta por qué tengo el ceño fruncido, le digo: «Uf, es que tengo un dolor de cabeza muy fuerte». Pero no me quedo todo el día pensando en ello. No me avergüenzo de tener dolor de cabeza. No creo que haya cometido un error por tener dolor de cabeza. No empiezo a comparar mi dolor de cabeza con el de otra persona cualquiera en Instagram. El dolor de cabeza será simplemente otra parte normal de mi experiencia.

Lo mismo con la tristeza, los desafíos en las relaciones, los desafíos sexuales y las lágrimas tras una ruptura. Debemos reconocer la tristeza cuando la sentimos. Es una experiencia con muchas capas, que se ve influida por nuestra perspectiva de qué significa, por qué está presente, qué dice sobre nosotros, cómo lidiamos con ella, e incluso si deberíamos lidiar con ella o no. Sin embargo, hemos aprendido a abordar estos desafíos emocionales de forma muy diferente a como lo hacemos con el dolor físico. Como afirma el psiquiatra R. D. Laing: «En la vida hay mucho dolor, y quizás el único dolor que puede evitarse es el que proviene de intentar evitar el dolor». Y este es el mayor problema al que nos enfrentamos. Vivimos en una cultura que a menudo da a entender que no deberíamos tener problemas. Sin embargo, la realidad es muy diferente: ¡deberíamos tener muchos problemas! Y la mayoría de estos supuestos problemas son normales si tenemos en cuenta el contexto de nuestra vida.

Por eso necesitas trabajar en la aceptación. Contigo mismo. En tus relaciones. Dentro de tu cuerpo. Y en el mundo entero.

Debemos pensar en nuestras identidades. Debemos pensar en las leyes de nuestro país. Debemos pensar en el matrimonio o el divorcio de nuestros padres. Debemos pensar en los traumas de la infancia, y en los traumas de la infancia de nuestra pareja o de la persona con la que estemos saliendo. Y también en los traumas de la infancia de nuestros progenitores. Debemos entender quién fue abandonado, quién fue esclavizado, quién fue víctima de un genocidio, quién emigró y quién es un adicto. Debemos entender nuestra situación financiera, la ciudad en la que vivimos. Debemos entender toda una variedad de indicios contextuales, personajes y escenarios de nuestras historias colectivas.[64]

¿Tienes estreñimiento?

¿Has dormido?

¿Has comido?

Absolutamente todo está relacionado y todo es igual de importante. La mente, el cuerpo, la historia y la cultura (el entorno).

¿La solución?

Soltarlo todo: se acabó lo «sano». Los problemas no son problemas. «Lo bueno frente a lo malo» no existe. En lugar de pensar en esos términos binarios, piénsalo así:

- Una historia significativa
- Oportunidades para aprender
- Neutralidad y matices
- Autoaceptación
- Observación
- Curiosidad
- Comprensión
- Aceptación
- Tolerancia
- Humor
- Y luego añade un poco más de humor

Usa estos enfoques flexibles contigo mismo, con tus citas, con tus amigos y con tus parejas. En todas y cada una de tus relaciones.[65]

Quizás creas que estoy loco. Quizás te estés diciendo: «Acabo de leer un libro entero sobre cómo tener una relación sana en el terreno del amor y ahora el autor me dice que me olvide de la idea de ser o estar sano». Bueno, sí.

---

64. Minuchin, Salvador; Reiter, Michael D., y Borda, Charmaine (2013), *The Craft of Family Therapy: Challenging Certainties*, Routledge, Londres, p.4.

65. Hollis, *Swamplands of the Soul*, p.56.

Para aclararlo una vez más: no respaldo ningún tipo de conducta dañina ni apoyo el maltrato. No estoy sugiriendo que consumas varios gramos de cocaína, ni que le grites a tu pareja. Lo que digo es que cuando surja un desafío, lo recibas con los brazos abiertos. Siéntelo todo. Resístete a resistir el dolor. El dolor es parte de la experiencia humana. No hay manera de evitarlo. No tiene por qué encantarte la idea; suelta una rabieta si es necesario. Pero te será más útil aprender a abordar el dolor con amabilidad. Permítete reaccionar; sé tan emocional como quieras. Y luego haz lo que puedas por crear conexiones siempre que sea posible, ya sea contigo mismo, con tu pareja, con este mundo imperfecto.

Si realmente quieres ser honesto contigo mismo, así es la honestidad.

Muchos de nosotros pasamos por una experiencia desafiante y recurrimos a pensamientos del estilo: «¿Por qué debo pasar por esto una y otra vez?». ¿Por qué? Porque somos organismos vivos y porque el viaje del autodescubrimiento y la sanación no es un evento que solo ocurre una vez, sino que es constante e infinito. Los nuevos conocimientos que adquieras hoy pueden modificarse o ser superados por emociones intensas que te provoquen. Y eso no solo está bien, sino que es una parte natural de estar vivo.

Por eso es tan importante encontrar un espacio para la reflexión y el autoconsuelo, ya sea llevando un diario, haciendo terapia, practicando yoga, meditando o haciendo lo que sea que te sirva a ti. Todos necesitamos un lugar al que recurrir en busca de consuelo, reparo y comprensión. No podemos lograrlo solos por nuestra propia cuenta. La terapia ha sido lo que más impacto ha tenido en mi recorrido; como paciente, pero también como terapeuta. Ha transformado mi vida por completo. Me ha ayudado a aceptarme a mí mismo con bondad. Me ha ayudado a enfrentarme a mi pasado y reconciliarme con él, a moldear mi presente y avanzar hacia un futuro mejor.

Ya sea a través de la terapia o de otro medio, el viaje de autodescubrimiento no tiene un final definitivo. No hay una gran conclusión en la que por fin entiendes por completo todas las complejidades de tu persona. No hay un punto en el que la herida se sana en su totalidad y tú recuperas hasta la última pieza de ti mismo.

James Hollis captura este sentimiento a la perfección en su discusión sobre el yo: «Así que quizás nunca lo (nos) conozcamos más de lo que un nadador puede llegar a conocer el océano en su totalidad… Por eso el frágil ego debe contentarse con una "sensación" del Yo, y el Yo seguirá siendo por siempre desconocido, incognoscible».

Acepta el hecho de que la única conclusión definitiva de la vida es su final inevitable. Los designios impredecibles de la existencia, las vueltas y los giros inesperados son lo que da a la vida su belleza fascinante y poética.

Que no se me malinterprete: todo esto es muy, muy difícil. Yo mismo todavía estoy trabajando en ello.

Empecé a escribir este libro en medio de una crisis en la que anhelaba estar con Alex y echaba de menos nuestra relación. Sin embargo, había firmado un contrato de varios años de duración para contarte parte de mi historia. Desde luego, pensé que mi ruptura con Alex me atormentaría por siempre y quería dejar esos recuerdos atrás y seguir adelante. Si hubiera podido extraerlos con una cirugía, quizás lo habría hecho.

Al escribir este libro, he aprendido más de lo que esperaba sobre qué provocó mis estados emocionales más primitivos y los contextos que me empujaron a una posición de desesperación. Aprendí sobre la falta de apoyo por parte del mundo que me rodea y reinventé la relación que tengo conmigo mismo. He estado procesando todo esto en terapia, pero hay algo especial en haber dedicado tiempo a ponerlo por escrito. A poner mi historia por escrito.

Sé que quizás te quedes pensando: «¿Volverías con Alex? Si pudieras volver atrás, ¿qué harías de otra forma?». Cuando iba por la mitad del libro, yo mismo me estaba haciendo esas preguntas. De hecho, mi intención había sido dedicar este último capítulo a situaciones hipotéticas de «qué ocurriría si…»; a todas esas fantasías; a retomar viejos conflictos y reescribirlos en mi cabeza para reproducirlos y ver qué habría sucedido «si yo tan solo ________» o «si él tan solo ________».

Pero me di cuenta de algo que ya había sabido todo este tiempo. Esta vida, mi relación, mi infancia... había partes increíblemente difíciles y tristes. Había partes bellas y recuerdos que atesoraré siempre. Pero no hay nada que pueda hacer excepto observarla, sentirla y dejarla ser.

No necesito formular hipótesis ni especular. Puedo honrarme a mí mismo, honrar a Alex, a mi madre, a mis hermanos e incluso a mi padre por haber formado parte de mi historia, por haber sido parte de mí, tanto de lo bueno como de lo malo, de lo aterrador y lo placentero. No necesito generar nuevas situaciones en la mátrix para ver cuál sería la diferencia si esto o aquello, si yo o él o ellos tan solo hubieran ________.

Lo más productivo ha sido centrarme en lo que sí es. No en los lamentos ni en las fantasías de qué es lo que podría haber sido, sino en reconocer cómo son las cosas.

Y a veces las cosas son dolorosas. Así es la vida.

Descubre por qué eres cómo eres. ¿Qué te ha pasado? ¿Qué no te ha pasado? Y encuentra la manera de hacerte amigo de todas esas partes. Hónralas. Perdona a los demás. Perdónate a ti mismo. Nunca olvides, pero deja de vivir en el pasado. Avanza hacia adelante. Escribe tu historia. No te contengas. Experimenta con todo. Mete la pata y comete errores. Aprende de ello. Y vuelve a hacerlo de otra forma ahora que cuentas con más conocimiento.

Y luego, sí, vuelve a meter la pata. Y sigue trabajando.

¿La moraleja de la historia? ¡A la mierda el cuento de hadas!

Esto es lo que te quiero dejar. Quiero que vivas el amor de otra manera, no solo en el sentido típico del romance y la pasión. En lugar de eso, quiero que sientas amor por la vida. Y por amor me refiero a una apreciación profunda de todos los altibajos de la vida. No solo de la alegría que aporta, sino también del desamor y las penas. También de las poderosas conexiones con otras personas, lugares y cosas. [66]

Jamás había amado la vida ni sentido cosas tan intensas por ella antes de que Alex llegara a la mía. De joven siempre había odiado la vida; le tenía rencor. Todo el mundo me hería y, durante muchos años, la vida me pareció muy poco segura. Pero con Alex aprendí lo que significaba estar vivo. Y cuando rompimos, sentí una enorme pérdida. No solo la pérdida del amor de una pareja y una familia, sino también de la mismísima sensación de estar vivo que había descubierto con él. Sentí como si no me quedara nada.

Pero luego, en el proceso de reconstrucción, aprendí a volver a apreciar la vida. Aprendí a quererme a mí mismo. Cuando traje a mi perra a casa, aprendí lo que significaba amar más allá de mí mismo. A través de mi trabajo desarrollé nuevas relaciones como psicoterapeuta. Empecé a ver a mi madre no solo como una figura de mi pasado, sino como un ser humano con sus propias complejidades, tanto defectos como fortalezas. Cuestioné mi zona de confort y aprendí mucho más de lo que jamás pensé que sería posible.

En las sesiones con mis clientes he tenido el privilegio de presenciar cómo mucha gente encontraba un nuevo amor y una nueva apreciación por la vida. Y eso es lo que espero inspirar en ti. Quiero que te embarques en tu propio recorrido sin juicios ni expectativas. Encuentra algo dentro de ti que puedas entender y expresar y que te haga sentir vivo y conectado a nuestra humanidad colectiva.

Querido lector:

Tengo algo que necesito compartir contigo. Tú no tienes absolutamente nada de malo.

---

66. Laing, R. D. (1960), *The Divided Self: An Existential Study in Sanity and Madness*, Penguin Books, Londres.

Sin duda, te han herido en algún momento de tu vida. Quizás lleves profundas heridas que te han dejado cicatrices duraderas y puntos sensibles que despiertan emociones intensas en ti.

A menudo, al mundo se le olvida decirnos que estamos bien, que hay gente que nos quiere, que somos importantes, que nos valoran. Así que yo quiero recordártelo: todo eso es cierto.

La vida es dura. Está repleta de belleza y de maravillas, pero también es innegablemente desafiante. Puede ser difícil, a pesar de nuestro contexto o identidad individual. No muchos reconocen esta verdad, pero yo quiero hacerlo.[67]

Has sido un superviviente desde el día que naciste, y seguirás siéndolo.

Las relaciones pueden ser dolorosas, pero también nos dan la clave para crear una vida gratificante. Por más que las relaciones puedan engendrar sufrimiento, también fomentan el crecimiento. Experimentarás el dolor, el amor y el aprendizaje en ciclos que se repetirán. Y, sí, cometerás errores, tendrás momentos de fracaso, celebrarás victorias y volverás a tropezar. Pero recuerda: ni eso ni tú tenéis nada de malo.

Este libro refleja lo que he aprendido de mi propio psicoterapeuta, de mi trabajo como psicoterapeuta y de mi experiencia como ser humano que transita por el mismo mundo que tú. Si bien no tengo todas las respuestas, he compartido las ideas que creo que serán más beneficiosas.

He escrito este libro para ti. Para asegurarte que no estás solo, que comprendo y comparto tus sentimientos. Mi esperanza es que estas palabras te reconforten y te dejen encontrar consuelo en saber que tus luchas son compartidas. Espero haberte inspirado y empoderado, haberte

---

67. Hollis, *The Eden Project*, p. 16.

alentado a perseguir tus sueños sin dejar que el miedo ni la soledad te detengan.

Yo mismo he tenido mis propias luchas contra la ansiedad y la depresión, y todavía las tengo. Conozco el sentimiento de estar agobiado por el dolor. Algunos días siento una soledad aplastante; otros siento una paz inesperada. Quizás te sientas identificado con esto; quizás no. Pero si lo haces, espero que mis palabras hagan que te sientas un poco menos solo.

Recuerda que estoy aquí contigo. Estoy pensando en ti, desearía poder darte un abrazo reconfortante y susurrarte al oído que hay gente que te quiere. Espero que mis palabras te inspiren para superar tus miedos y perseguir tus sueños.

TSB

Ahora quiero que te escribas una carta dirigida a ti. Puedes hacerla parecida a la mía, pero debe ser personal. Pon tu vida en contexto. Dite todas esas cosas a las que sueles resistirte o las que prefieres evitar. Ponlo todo por escrito.

Tu historia debe ser contada. Es hora de escribirla.

Agradecimientos

Me siento profundamente agradecido por la oportunidad de escribir este libro, un sueño de toda la vida que siempre me pareció demasiado ambicioso, hasta que un día decidí aceptar el desafío. Aquí estoy, asombrado y rebosante de alegría y gratitud después de haber transformado mis pensamientos en palabras. Este recorrido ha sido una experiencia sanadora y reconfortante, y estaré por siempre agradecido. Es difícil creer que haya llegado hasta aquí, el momento en el que expreso mi agradecimiento a todas las personas que fueron esenciales en este recorrido.

A todos mis queridos clientes, vuestra confianza y franqueza no solo os ha ayudado en vuestro camino de sanación, sino que han sido igual de transformadoras para mí. Nuestras sesiones compartidas han sido una bendición, repletas de auténtico amor y crecimiento mutuo. Vuestros recorridos son una fuente constante de inspiración y fuerza.

A Derek, mi terapeuta, mentor y, a ratos, padre sustituto, has sido una fuerza impulsora en mi vida desde que tengo quince años. Tu apoyo y tu ayuda inquebrantables a lo largo de los años no han hecho sino salvarme la vida. Estoy en deuda contigo por todo el amor y el apoyo que me has brindado todos estos años. Te debo más de lo que mis palabras pueden expresar, porque el impacto que has tenido tanto en mi vida personal como profesional es inmensurable.

A mi madre, la primera en enseñarme amor, risas y resiliencia en medio del caos de la vida. Nuestro recorrido juntos, con todos sus altibajos, ha estado repleto de grandes aprendizajes y mucho amor. Papá, aunque nuestra relación fue compleja y tú ya no estás aquí, tu influencia es una parte innegable de mi historia.

A mis queridos amigos, sobre todo Lisa, Ben, Wednesday, Nicki, Montana, Tara, Dan, Sean, Dustin y Clair: vuestro apoyo y amor inquebrantables han sido mi ancla.

A Alex, mi primer amor, y a su familia: nuestro tiempo juntos me enseñó qué significaba el amor y la familia. Me ayudasteis a crecer. Atesoraré siempre los recuerdos que compartimos, tanto los alegres como los dolorosos.

A Donna, mi increíble editora: tu genialidad y orientación han hecho que este libro pase de ser un sueño a una realidad. Tu talento y apoyo han sido indispensables y espero que nuestros caminos continúen cruzándose. Al equipo de Rodale Books y Penguin Random House, vuestro conocimiento y vuestra paciencia han hecho que este proceso sea placentero y gratificante. Taylor, tu asistencia y observaciones fueron vitales para dar forma a este libro de principio a fin. Bethany, tu apoyo con la propuesta me dio la seguridad para confiar y creer en mi historia. Tú fuiste la catalizadora de todo este viaje.

A Andy, Andre y Jordan, mis agentes y mi abogado. Andy, tu apoyo constante ha sido un pilar de fortaleza. Gracias por convertir este sueño en una realidad. Andre, tu orientación me ha ayudado a crecer de formas que jamás habría imaginado. Jordan, tu amistad y conocimientos legales han hecho que este proceso sea sencillo y placentero. Juntos habéis formado un equipo asombroso.

A mi comunidad online: vuestras palabras y vuestra presencia han sido una fuente de consuelo y conexión. Gracias por acompañarme en este viaje y permitirme ser parte de vuestras vidas.

Escribir estos agradecimientos es tan solo un pequeño gesto para dar fe del enorme impacto que todos vosotros habéis tenido en mi vida. Este libro no es solo mi historia; es un testamento del viaje colectivo de conexión, sanación y comprensión que tomos hemos compartido. Es una experiencia religiosa, la culminación de todos los dolores y placeres de la vida. A todas las personas que alguna vez han estado presentes en mi vida, os debo una enorme gratitud. Habéis sido mis mayores maestros. Este libro es tanto vuestro como mío. Gracias.